人民币收藏与鉴赏

沈 泓 著

上册

学苑出版社

图书在版编目（CIP）数据

人民币收藏与鉴赏/沈泓著. -- 北京：学苑出版社，2024.1

ISBN 978-7-5077-6862-6

Ⅰ.①人… Ⅱ.①沈… Ⅲ.①人民币—收藏②人民币—鉴赏 Ⅳ.①G262.2②F822

中国国家版本馆CIP数据核字(2024)第035562号

出 版 人：	洪文雄
责任编辑：	周 鼎
出版发行：	学苑出版社
社　　址：	北京市丰台区南方庄2号院1号楼
邮政编码：	100079
网　　址：	www.book001.com
电子邮箱：	xueyuanpress@163.com
联系电话：	010-67601101（销售部）、010-67603091（总编室）
印 刷 厂：	水印书香（唐山）印务有限公司
开本尺寸：	710 mm×1000 mm　1/16
印　　张：	26
字　　数：	335千字（图214幅）
版　　次：	2024年7月第1版
印　　次：	2024年7月第1次印刷
定　　价：	360.00元（全二册）

前言

人民币（货币缩写RMB，货币代码CNY，货币符号¥）是中华人民共和国的法定货币。中国人民银行是国家管理人民币的主管机关，负责人民币的设计、印制和发行。人民币自1948年12月1日中国人民银行成立时开始发行，历时70多年，至今已发行五套，形成纸币与金属币、普通纪念币与贵金属纪念币等多品种、多系列的货币体系。

人民币是艺术和科技的完美结合，在这两个方面超越了历代钱币。在艺术性上，包括取材、设计、绘画、雕版等，由当时中国顶尖的艺术人才和工艺人才创作，画面精美，雅俗共赏，有很高的审美价值，人民币创造了顶尖设计艺术的辉煌。在科技上，包括印刷技术、防伪科技、机读科技等，人民币使用了当时最先进的顶尖科技，创造了当时顶尖科技的辉煌。人民币已成为收藏市场上的新宠，很多退出流通版本的人民币在收藏市场上的价格比面值上涨了数百倍，乃至数千倍。

中国人民银行第一版人民币于1948年10月开始筹划印制，1948年12月1日发行。从开始发行到1955年5月10日停止流通使用的人民币，为第一套人民币。从1948年12月到1953年12月，中国人民银行共印制发行了12种面额、62种版别的人民币，最小面额只有1元，最大面额则是5万元。

第一套人民币设计图案丰富，印制工艺多样，虽印刷质量参差不齐，但设计的图案无论风景、人物，还是建设、生产画面，都栩栩如生，体现鲜明的时代特征，具有纯朴清新之美。

为了改变第一套人民币面额过大等不足，提高印制质量，进一步健全中国货币制度，1955年2月21日，国务院发布命令，决定由中国人民银行自1955年3月1日起发行第二套人民币，并收回第一套人民币。

第二套人民币纸币共有11种不同的面值，15种不同的版别，其中分币采用平版印制技术，角券正面采用凹印，背面使用平印印制技术。元券正、背面采用凹印印制技术，具有版纹深、墨层厚，容易识别的特点。

第二套人民币在设计、印制发行工作中，得到了周恩来、陈云等中央领导同志的极大关怀和高度重视。他们亲自审查了整个设计方案。在设计时，采纳了周总理提出的许多具体的、宝贵的修改意见，使第二套人民币设计主题思想明确，印制工艺技术先进，主辅币结构合理，图案颜色新颖。

第三套人民币是我国独立设计印制的币钞，由新中国著名钢版凹雕大师吴彭越和鞠文俊等雕刻。这套人民币主题思想突出，表现了社会主义建设的新成就和建设者朝气蓬勃的新风貌。图案设计简洁，布局合理，进一步打破了边框式设计定式，采取开放式构图，在限定的票面上竭力呈现出开阔、辽远、深邃的画面。在制作工艺上，主景采用手工雕刻，面额文字和衬底花纹图案多采用机器雕刻，同时运用多色接线技术，提高了票券的防伪性。

第四套人民币是20世纪80年代改革开放的产物，伴随着中国经济的恢复和飞速发展应运而生。这套人民币大幅调整了面值，图案也做了较大的调整，由以前人民创造历史的观念进化为人民和伟人共同创造历史的观念，100元是毛泽东、刘少奇、周恩来、朱德四伟人像；50元将过去的"臭老九"——知识分子加进工农行列，表现了一个拨乱反正时代的到来；1角、2角、5角、1元、2元、5元等各种票面大量加入两人一组的少数民族人物头像，既可很好地表现民族大团结的主题，又能从少数民族的服装、头饰、形象等多方面增长知识，获得审美愉悦。此外，大面值人民币的背面还加入了祖国的山水风景，表现了祖国大好河山的壮阔和美丽。

人民币纸币的科技之美首先体现在防伪上，其中第四套人民币在印制工艺和防伪功能上取得新突破。第四套人民币在制版和印刷工艺上主要采用手工雕刻凹版印刷、凹印接线技术、套印对印技术和平凸版接线技术等，大大提高了人民币的防伪功能。

第五套人民币在设计风格上与前几套有明显的不同，与前四套人民币相比，第五套人民币具有鲜明的特点：第五套人民币是由中国人民银行完全独立设计与印制的货币，其印制技术已达到了国际先进水平；第五套人民币通过有代表性的图案，进一步体现出我们伟大祖国悠久的历史和壮丽的山河，具有鲜明的民族性；第五套人民币的主景人物、水印、面额数字均较以前放大，尤其是突出用阿拉伯数字表示的面额，以便于识别；第五套人民币应用了先进的科学技术，在防伪性能和适应货币处理现代化方面有了较大提高。可以说，这是一套科技含量较高的人民币，表现出科技之美。

  本书重点是对人民币纸币收藏进行研究、分析、介绍和指引，人民币发行除了纸币，还有金属币、普通纪念币与贵金属纪念币等，因这些是另外几本书介绍的专题，故本书不再涉及。

  人民币纸币是人民币的主流，也是钱币收藏的主流，人民币纸币的历史价值、文化价值、美学价值和科技价值，决定了人民币纸币的收藏价值和投资价值。本书力图通过对已经发行的五套人民币纸币进行完整全面的介绍，给广大收藏爱好者提供一份收藏投资指南。

作者

2024年1月

目录

上册

第一章
第一套人民币的缘起 1

"人民币"名称的来历 2
第一套人民币的发行背景 4
第一套人民币的发行情况 8
第一套人民币的印刷 11
第一套人民币的设计和题材 15
第一套人民币的关键词 19
第一套人民币的意义 21

第二章
第一套人民币的相关知识 25

第一套人民币的冠号特点 26

第一套人民币"十二珍品" 31

"史上最牛人民币"——1万元"牧马图"券 37

未采用董必武题写行名的1000元券 41

唯一"从左到右"书写行名的5000元券 44

第一套人民币的常见种类 46

第三章
第一套人民币的版别 59

不同纸质产生不同的版别 60

不同制版产生不同版别 64

不同颜色产生不同版别 67

不同冠字、号码、印章产生不同版别 72

不同水印产生不同版别 75

第一套人民币的暗记 79

暗记的增减产生不同的版别 85

第一套人民币的特殊版别 91

第四章
第一套人民币的收藏 95

第一套人民币的收藏价值 96

第一套人民币的收藏市场行情 100

第一套人民币收藏家的故事 103

第一套人民币的收藏投资 105
精品仍有收藏投资潜力 110
500元"瞻德城"券的收藏 114
1000元"马饮水"券的收藏 117
第一套人民币收藏谨防赝品 120
第一套人民币的鉴定 124

第五章
第二套人民币的相关知识 **137**

第二套人民币的发行 138
为什么要发行第二套人民币 142
第二套人民币的设计 143
第二套人民币的雕刻印刷 146
第二套人民币的两次改版 148
第二套人民币停止流通 151
第二套人民币的特点 154
"苏三币"的由来 158

第六章
第二套人民币的收藏 **165**

3元井冈山币的收藏 166
"水坝"5角币的收藏 169

黄5元与海鸥5元的鉴别 172

"红1元"券和"黑1元"券的鉴别 175

第二套人民币真伪的辨别 178

第二套人民币的收藏投资 180

下册

第七章
第三套人民币的相关知识 189

第三套人民币发行的历史背景 190

第三套人民币的设计 192

第三套人民币的雕刻 194

第三套各券别发行和退市时间 196

第三套人民币的图案和颜色 200

第三套人民币的特点 202

第三套人民币的时代精神 204

第三套人民币中的特殊券别 207

第三套人民币的意义 212

6种版式的冠字 214

第三套人民币1角币的版别 216

关于第三套人民币1角券的故事 218

第八章
第三套人民币的收藏...................223

第三套人民币市场火爆 224
第三套人民币收藏投资价值 227
第三套人民币的冠号收藏 231
罗马号、轨号与字冠号 234
第三套人民币的"五珍"收藏 238
1角币9个版别的收藏 243
10元荧光币的收藏 251
2元"车工"币的收藏与防伪鉴定 254
2元"车工"币的防伪鉴定 257
枣红1角真伪的鉴别 260
收藏投资如何辨别真伪 261
第三套人民币的水印和暗记 263

第九章
第四套人民币的相关知识...................269

第四套人民币发行的背景 270
第四套人民币的设计 274
第四套人民币的雕刻 276
第四套人民币版别 277
第四套人民币的图案特点 278

第四套人民币的文字特点 281

第四套人民币的防伪特点 284

第十章
第四套人民币的收藏 289

第四套人民币大全套收藏 290

1980年1角三大荧光版收藏 292

1980年版2角币的收藏 295

1980年版5角币的收藏市场分析 297

1980年版5角币的收藏投资价值 300

1990年版1元券的收藏 304

2元币的收藏 307

1980年版10元币的收藏 309

1980年版50元币的收藏 312

1980年版100元币的收藏 316

第十一章
第五套人民币的相关知识 323

第五套人民币的发行 324

第五套人民币的特点 326

第五套人民币的印制工艺 330

第五套人民币的花卉图案 333

第五套人民币的背面图案 337

第五套人民币的防伪特征 343

5元纸币2005年版与1999年版的异同 349

为什么要发行2019年版人民币 352

2019年版4种纸币的特征 355

2019年版与老版的异同 359

第十二章
第五套人民币的收藏 363

100元纸币的防伪特征 364

2005年版50元币的防伪特征 367

2005年版20元纸币的防伪特征 369

2005年版10元纸币的防伪特征 370

2015年版100元纸币正面防伪标识标记 372

2019年版人民币的辨伪 375

特殊冠号的收藏 381

关注新版人民币发行的机会 386

第五套人民币的收藏 388

2020年版5元纸币防伪设计更先进 391

后记 394

第一章
第一套人民币的缘起

"人民币"名称的来历

第一套人民币缘起于中国革命和建设的需要，于1948年12月1日中国人民银行成立时开始发行，1955年5月10日停止流通。

1947年7月，在华北财经办事处主任董必武的提议下，经中央同意，开始组建中央银行，在华北、西北、华东三大解放区准备发行统一货币，当时很多人建议用"联合银行""解放银行"以及"全国解放银行"等名称。后来晋察冀边区银行的副总经理何松亭建议，采用"中国人民银行"这样一个名字，并得到董必武的肯定。

1947年10月，董必武致电中央，提议未来的中央银行定名为"中国人民银行"。经中央批准之后，"中国人民银行"这个名称正式确定。

1948年11月初，董必武提出，要在平津解放前成立中国人民银行，发行解放区统一货币。于是将西北农民银行和晋察冀边区的华北银行、山东解放区的北海银行合并，在石家庄成立了中国人民银行总行，原华北银行总经理南汉宸任中国人民银行首任总经理，副经理胡景云、关学文。

因此，原定1949年1月1日成立中国人民银行的决定，提前到1948年12月1日。当时，已任华北人民政府主席的董必武命令发行统一的人民币，并用柳体字题写了票面上的"中国人民银行"六字。

在中国金融货币史上，1948年12月1日是一个重要的日子。这一天上午9时首次发行中国人民银行货币，后来简称"人民币"。这一统一发行的人民币，正是中国人民银行成立后发行的第一套人民币。

中华人民共和国成立前夕，全国已有中国共产党领导的银行30余家，发行各种票面货币257种。

第一套
人民币的发行背景

第一套人民币是在统一各革命根据地货币的基础上发行的，因此，各革命根据地货币都是人民币的源头，无论是图案设计文字，还是题材、花纹，后来的人民币都打上了各革命根据地货币深深的烙印。这些革命根据地货币来源除了北海银行、西北农民银行和华北银行，还有晋察冀边区银行、冀南银行等。

发行统一的货币经历了一个曲折的过程。抗日战争胜利后，各解放区人民政府就开展了统一货币的工作。如华中解放区发行统一的华中币，收回和统一原来新四军开辟各抗日根据地时发行的多种名称和币值不等的地方货币。其他解放区也采取了类似的统一货币的措施。但是，在各解放区统一货币工作尚未完成时，国民党反动派就发动了全面内战，解放区许多地方被国民党军队占领，统一各解放区货币工作不得不暂时停止。

张忠是北京印钞厂的老员工，曾参与第一套人民币的印制工作。他回忆第一套人民币发行背景，说："这是一项全新的工作，我们终于可以拥有自己的货币了，从而摆脱了中国半殖民地半封建的历史，钱币直接把这样的历史变化反映了出来。第一套人民币各种票面均采用与新社会经济建设及人们经历的生活场景有关的图案,如工人、农民、施肥、运输等。"

张忠讲述了第一套人民币的由来和许多鲜为人知的故事。1945年抗战胜利后,为了和平,毛泽东去了重庆,与国民政府达成停战协定。但到1946年,蒋介石撕毁协议,发动了内战。当时国民党要占领解放区的各大城市,形势严峻,经过解放区军民的顽强斗争,打退了敌人的进攻,并随后在1947年发起了大反攻。人民解放军野战部队在各解放区人民群众的配合下,取得了一个个重大胜利,各解放区进一步巩固和发展,华北、西北、华东解放区逐步连成一片,各解放区之间贸易联系、物资交流日益发展。但是各地货币不统一,货币比价不固定,成为经济发展和贸易往来的重大障碍,给野战军机动作战带来很大困难。因此,迫切需要改变各解放区货币版别多、种类繁杂、比价不同、相互折算不便的状况,统一各解放区货币。

为此,中共中央任命董必武同志为华北财经办事处主任来负责解决这个问题。董必武是位很高明的经济学者,他设想先把晋察冀解放区内的货币统一起来,再以其为基础将其他各解放区的货币统一起来,而且力争在货币统一前把银行统一起来。

据有关史料记载,1947年10月24日,中共中央华北财经办事处成立,统一领导华北区财经工作,并着手开展统一货币工作。不久,晋察冀边区银行币停止发行,冀南银行币成为华北解放区统一货币。

1948年1月,西北解放区的陕甘宁边区银行币停止发行,西北解放区的统一货币由西北农民银行币担当。

1948年10月,山东解放区北海银行币与华北解放区货币相互流

晋察冀边区银行5000元纸币正背面

通。11月，华北解放区统一流通北海银行币。从此，北海银行币成为山东和华北各解放区统一的货币。

1948年底，全国各解放区除中原、东北等解放区自成独立货币体系外，华北、西北、华东三大解放区货币统一工作基本完成，为人民币的诞生奠定了基础。

为了适应形势发展的需要，进一步统一解放区货币，华北区人民政府和陕甘宁边区政府、晋绥边区政府、山东省政府协商，决定合并华北解放区的华北银行、山东解放区的北海银行和西北解放区的西北农民银

冀南银行500元纸币正背面

行，于1948年12月1日在河北省石家庄市成立中国人民银行。同日开始发行统一的人民币，华北人民政府还发出了金字第四号《关于发行新币的布告》。这成为中国货币历史上的一个重要转折点。

统一发行人民币，清除了国民党政府发行的各种货币，结束了国民党统治下的几十年通货膨胀，和中国百年外币、金银在市场流通、买卖的历史，促进了人民解放战争的全面胜利，在中华人民共和国成立初期经济恢复时期发挥了重要作用。

第一套
人民币的发行情况

第一套人民币发行后，原来流通在各解放区的地方币陆续停止发行，并按规定比价收回。在全部收回前，按一定比价照常流通。其比价是：人民币对冀南银行币、北海银行币、华中银行币和中州农民银行币比价为1∶100，人民币对晋察冀边区银行币、东北银行币、热河省银行币和长城银行币比价为1∶1000，人民币对西北农民银行币和陕甘宁边区商业流通券比价为1∶2000。

1949年1月，北平解放，中国人民银行总行迁到北平（今北京）。全国解放后，各大区和省、自治区、直辖市的中国人民银行分行相继成立。1951年底，除西藏自治区和台湾省外，全国范围内货币已经统一，人民币成为中国唯一的合法货币。

第一套人民币发行时期，由于战事仍然没有结束，以及后来一些资本家倒卖银圆、生活用品等原因，导致第一套人民币通胀情况比较严重，因此从1948年12月起，到1950年1月，仅仅过了一年零两个月的时间，最大面额就从50元猛涨到1万元，之后在1953年底又发行了5万元。

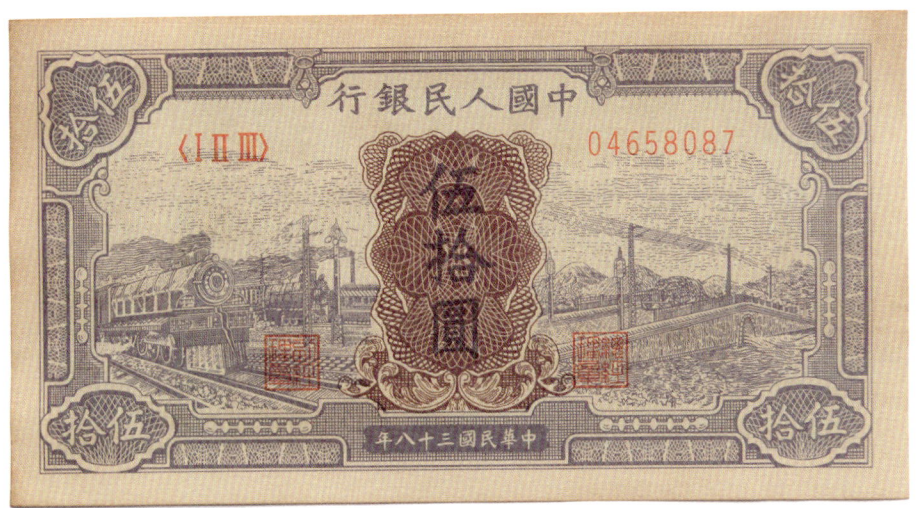

第一套人民币50元纸币正背面

从1948年12月到1953年12月，共印制发行了12种面额、62种版别的人民币，最小面额只有1元，最大面额则是5万元。到第一套人民币发行后期，1元券几乎退出流通领域。

到1953年12月，人民币发行券分别有1元券、5元券、10元券、20元券、50元券、100元券、200元券、500元券、1000元券、5000元券、1万元券、5万元券等12种；版别共62种。其中，1元券2种，5元券4种，10元券4种，20元券7种，50元券7种，100元券10种，200元券5种，500元券6种，1000元券6种，5000元券5种，1万元券4种，5万元券2种。

第一套
人民币的印刷

第一套人民币是战争年代向和平年代转折的产物，随着新解放的城市和地区越来越多，人民币的需求量越来越大，晋察冀边区印刷局和东北银行印钞厂的印制速度已经远远赶不上时代发展速度，不得不启用一些新的印刷厂参与人民币的印刷工作。

根据我国台湾藏家李高明的研究成果，第一版人民币所有票券的生产分别由东北银行工业处（包括佳木斯、东工印刷厂和沈阳造币厂）、第一印刷局（河北阜平）、第二印刷局（河北涉县）、第三印刷局（山东济南）、直属印刷厂（石家庄）、天津人民印刷厂、北京印钞厂、上海印钞厂、中原印钞厂（汉口）、延安光华印刷厂、苏北印刷厂、重庆印刷厂等12个印制单位完成。

其中，北京印钞厂曾委托长城印刷厂、大新印刷厂、国家测绘局印刷厂等加工印刷人民币半成品；上海印钞厂也曾委托中华书局印刷厂、京华印刷厂、大业印刷厂、三一印刷厂、大东印刷一厂及二厂印刷半成品。

所以，第一套人民币的印制过程，前前后后共有21个厂家参与，印制工艺不统一，票券质量千差万别。

由于纸张和印刷技术的差异，第一套人民币的印刷质量参差不齐。为了用最快的速度进行钞票的印制、发行，以满足解放战争的需要，只得采取应急措施，老厂新厂一齐上，新旧设备一齐用。工艺上采用了石印、凸印、凹印、胶印、凸凹合印、凸胶合印、胶凹套印等7种技术，凹印采用了单双面凹版技术。印刷纸张、油墨等主要原料也都是就地取材。

第一套人民币印钞所用纸质有国产专用印钞纸、进口钞票纸、特制棉纸及道林纸。2011年中国台湾学者陈正统撰写的《人民币版式收集探索（六）》一文中，谈到第一套人民币中发现少量的1万元军舰图案星水印券、10元工人和农民图案英文水印券、1万元双马耕地图案星水印券等。

陈正统仔细鉴赏了所集的第一套人民币，又发现在两种5万元券中也有相同规则的水印，此种水印并非印钞前专门设计的，而是采用了具有水印的特种印钞纸。这就打破了原来对第一套人民币提出"在防伪性能上除了一些特定的暗记外，均无水印"的说法。由此可见，第一套人民币纸币由于它诞生于中华人民共和国成立前后，随着解放战争形势的发展，陆续发行至全国各地，故其印制所用纸质、技术和印刷厂，都较第二、三、四、五套人民币复杂得多。这就使得第一套人民币纸币具有更深广的研究、鉴赏空间。

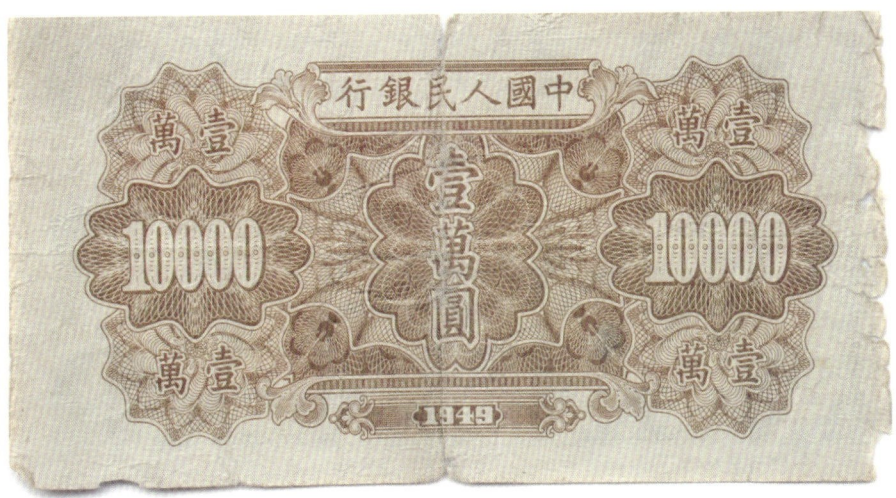

第一套人民币1949年版1万元纸币"军舰"正背面

第一套人民币10元纸币工人和农民正背面

第一套人民币的设计和题材

第一套人民币于1948年4月开始设计、审批，设计者是原晋察冀边区银行的王益久（亦写为王谊久）和沈乃镕（亦写为沈乃镛或申乃镛）。

在设计上，第一套人民币统一了版式，扫除了原有其他货币的半殖民地色彩，票面上取消了英文，不再采用行长的签字，而采用印章，正面所印的年号用"中华民国三十七年"，背面使用公元纪年"1948"。

第一套人民币的设计，曾参与第一套人民币的印制工作的北京印钞厂老人张忠讲述了一个小故事：在最初设计中票面上有毛泽东头像，送审时，毛泽东说，人民币是属于国家的，是政府发行的，我现在是党的主席，不是政府主席，怎么能把我的头像印上呢？于是图案改成了与当时经济建设和新社会的人们所经历的生活有关的图案。

这些图案涉及农耕、纺织、交通、运输、工厂和矿山等图景，如1元图案"工人和农民"、20元图案"施肥"、100元图案"运输"等。70多年过去，从第一套人民币上的各种画面，还能强烈地感受到中华人民共和国成立前期那种欣欣向荣的新气象。

由于当时各解放区的环境和全国解放初期条件的限制，第一套人民

第一套人民币1元纸币正背面

第一套人民币100元纸币帆船正背面

币的设计思想还不够统一，图案既有反映工农业生产的劳动场面，也有反映交通运输的情境，还有的反映北京等地名胜古迹的……内容繁杂，主题思想不突出、不明确。钞票种类多，面额大小差别大。

在图样题材上，选择工业、农业、商业、纺织、交通、运输、工厂和矿山等当时经济建设和新社会人们生活的图案，体现了第一套人民币的历史意义、地位及作用，生动展现出1949年前后中国的政治、生活、文化、社会样态，使人们领略到在中国共产党的领导下，全国各族人民齐心协力、艰苦奋斗、自力更生，建设新中国、新社会的如火如荼激情岁月。

其中，"水牛图""打场图""帆船""马饮水""蒙古包"等版别，是第一套人民币中最为人们熟知的。

由于第一套人民币种类繁多，版别复杂，因此名币也多，不少品种被视为藏界的精品，如"绝品四珍""十二珍品"等，都是享誉钱币收藏界的名贵收藏品。

第一套
人民币的关键词

中国人民银行钞票：最早见于1948年11月25日《华北银行总行关于发行中国人民银行钞票的指示》。

新币：最早见于1948年12月1日华北人民政府发布的金字第四号公告，为区别解放区钞票，称解放区钞票为"旧币"，称中国人民银行的货币为"新币"。

中国人民银行券：在1949年1月31日《人民日报》发表《中国人民银行有关新币发行各种问题的答复》一文。

人民券：最早见于1949年1月31日《人民日报》关于《中国人民银行有关新币发行各种问题的答复》一文。把中国人民银行券简称为"人民券"。

人民币：最早见于1949年6月14日上海市直接税总，直税字第一号《上海市印花税稽行办法》。"人民币"这一名称第一次开始出现在中国大地上。

第一套人民币：1950年8月在设计新的人民币（指第二套人民币）时，中国人民银行设计方案和组建人员，称前一套人民币为第一套人民币。

兑换：1955年2月，国务院发布《国务院关于发行新的人民币和收回现行的人民币的命令》，发行第二套人民币，同时回收第一套人民币。兑换比例为第一套1万元等于第二套1元。

第一套
人民币的意义

第一套人民币具有如下意义：

（1）第一套人民币是在中国共产党的领导下，中国人民解放战争胜利进军的形势下，由人民政府所属国家银行印制发行的唯一的法定货币。"人民"两字说明这个钞票的性质，它不是某个官僚资本家或某个财政金融寡头的，而必须是全国性的、全国人民的。

（2）第一套人民币的发行是有计划、有步骤考虑周密的，是党的一项重大英明决策，对清除国民党政府发行的各种货币，统一全国各解放区的货币，支持解放战争的全面胜利和建国初期的经济恢复发挥了重要作用。

（3）第一套人民币既是战时货币，又是新中国成立初期经济恢复时期的货币，它首先服务于中国人民解放战争，"一切为了战争的胜利，人民解放军将红旗插到哪里，人民币就发行到哪里"，解放军打到哪里，人民币就跟进到哪里。人民币的发行保证了解放战争胜利进军的需要，促进了经济的恢复与发展，最终成为统一的全国货币，成为全国唯一的统一的合法货币。

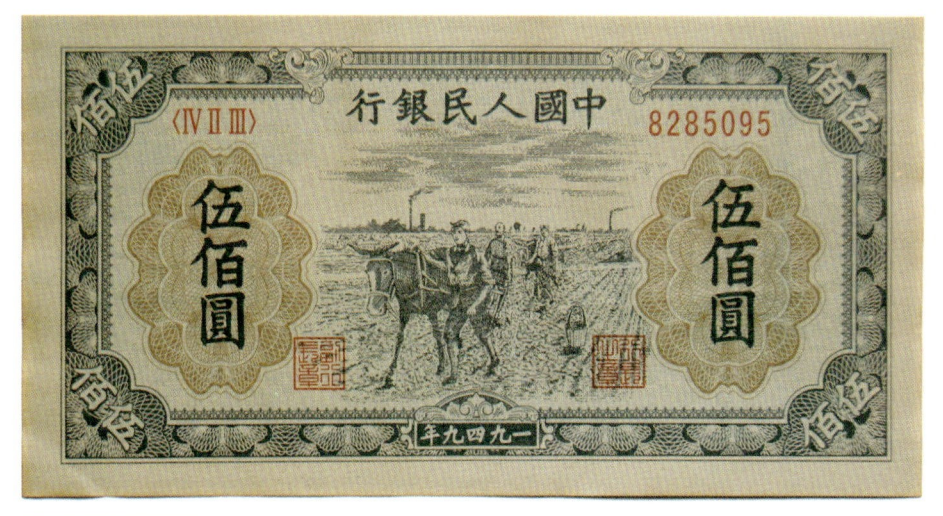

第一套人民币500元纸币（1949年版）正背面

（4）第一套人民币的发行，结束了国民党统治下几十年通货膨胀和中国近百年外币、金银在市场流通买卖的历史。随着人民战争的胜利，人民币成功清除了国民党政府发行的金圆券及其他各种货币。

（5）第一套人民币是中国共产党领导下的钱币工作者自力更生、艰苦奋斗的产物，其设计是以解放区的农业、工业、商业、贸易、交通、运输等各方面的典型实例作为选择图样的题材。票版的设计制作主要由解放区的印钞厂承担，奠定了人民币印制事业的基础。

（6）当时我国的国情是一穷二白，此时人民币比炮弹还重要，国家的稳定需要货币的支持，人民币对稳定经济的重大意义关系到新中国的存亡。为此，人民币在当时的情况下没有设准备金，不和黄金白银挂钩，也不和美元、英镑挂钩，是具有独立自主性的货币体系，为新中国建立起了自成一体的经济体系。

第二章

第一套人民币的相关知识

第一套
人民币的冠号特点

中国民俗文化中向来有重视数字的传统，特别是吉祥数字，受到国人的广泛喜爱。所以，在钱币收藏界中，一些"豹子号"和稀有冠号往往市场价格更高。

第一套人民币作为新中国成立以来的首套人民币，冠号有如下特点。

一、开创以罗马数字为冠字的先河

冠字也称为"字轨"或"字头"，是印在票券号码前的符号，是用以表示各种票券印制数量的批号。1948年，中国人民银行明文规定：冠字一律用Ⅰ、Ⅱ、Ⅲ……Ⅸ、Ⅹ等10个罗马数字，每3位不同罗马数字用一括号括住表示为一个冠字，印在票券正面的左上方；每种票版所用的冠字字体与位置，应始终保持一致，不得变更；冠字的字体大小与排列顺序均依照中国人民银行总行的规定；每一个冠字印刷1亿张、1000万张（或100万张），视其编号为八位数、七位数号码而定。

第一套人民币基本都遵循了这一规定，唯有东北银行印制的1000元"双马耕地"和"运煤和耕地"的冠字没有按规定印在左侧，而是印在右侧，这属于例外情况。即使是按规定印在左侧的票券，在兵荒马乱的战争年代也不可能完全一致，大部分票券的冠字字体与位置都存在着细微的差异。

第一套人民币500元纸币
左上红色3个罗马数字用一括号括住表示为一个冠字，右上是编号

第一套人民币1000元纸币
"运煤和耕地"冠字在右，编号在左

冠字印刷顺序方面，原则上第一套人民币都是根据"中国人民银行钞票冠字排列顺序表"印制，但东北银行印制的100元"北海和角楼"和500元"正阳门"并没有根据总行的规定来编排印刷，其冠字印刷顺序不是从第一个冠字"ⅠⅡⅢ"，而是直接跳到第一百二十个冠字"ⅣⅡⅢ"以后，为什么会这样？尚待进一步查证。

第一套人民币100元"北海和角楼"

第一套人民币开创以罗马数字为冠字的先例，有别于民国时期大部分以英文字母为冠字或尾字的纸币。而从10个罗马数字中，选出3个不同数字为一组来排列组合的话，可以演绎出10×9×8＝720个冠字，这种奇特、复杂、严谨又科学的冠字排列顺序，是中国人自己发明的。

从目前的档案史料中，可知前一百二十个冠字的发行顺序，而且经过大部分票券实物的验证也没有错误，但第一百二十一个以后的冠字排列情形，在没有文献资料参考的情况下，单从有限的实物资料来推论，十分困难，也难以达到准确度。

"中国人民银行钞票冠字排列顺序表"是有关第一套人民币冠字的重要资料，但此表有时也给冠字研究带来误导。藏界就有"字冠收集中，最小是012字冠，最大是987字冠"的错误说法，是因为"中国人民银行钞票冠字排列顺序表"把罗马数字简化为阿拉伯数字填入其表格内，即：1=Ⅰ，2=Ⅱ，3=Ⅲ，4=Ⅳ，5=Ⅴ，6=Ⅵ，7=Ⅶ，8=Ⅷ，9=Ⅸ，0=Ⅹ。后人不察，把它当成数学式来转换，甚至还有比较大小的现象。

其实罗马数字中无"0"的表示，"Ⅹ"是"10"而不是"0"。而人民币上的罗马数字只是采用其"符号"来进行排列组合，作为票券印制批次的"符号"标识来看待，而且单一数字排列的先后顺序为Ⅰ、Ⅱ、Ⅲ……Ⅷ、Ⅸ、Ⅹ，即"Ⅹ"垫在最后，而非第一个，这可以从第一个发行冠字为"ⅠⅡⅢ"而不是"ⅩⅠⅡ"得到验证。

在读法上不能按照罗马数字的规律，也不能转换成阿拉伯数字的规律来读，而是就数字读数字，即不加任何单位数，是什么数字记号就读作什么数字。如"ⅤⅨⅠ"可转换写作阿拉伯数字汉语数字的"591"或"五九一"，不读作"五百九十一"，而读作"五、九、一"。又如"ⅡⅩⅤ"不能写成"205"，不读作"二〇五"，也不读作"二百零五"，而是写作阿拉伯数字和汉语数字的"2 10 5"或"二 十 五"，读作"二、十、五"。

人民币上的罗马数字只是当作"符号"来进行排列组合而已，因此，冠字只有排列的先后顺序问题，没有数目大小的问题。

二、耐人寻味的号码变化

以东北银行为例,在解放战争尚未取得全面胜利之前,印钞所用的号码机,都需要工作人员乔装成商人,冒着生命危险穿过国民党占领区,从大连买回。而每一个号码机价值约合一两黄金,在物资缺乏的战争年代,确实所费不赀,而且得来也不易,因此,号码机的珍贵在东北银行多彩多姿的票券号码字体之中完全表现无遗,其印制第一套人民币的号码种类最多,变化也最大。

而关内各印钞厂每一种票版印制的号码,其字体和位置虽然没办法达到现代高科技的严格标准,但是如果以当时的环境、技术、设备和原材料供给等条件进行衡量,这样细微的误差已实属不易了。再者,早期印钞厂设备简陋,又缺乏八位数的号码机,所以,这套纸币八位数票券的号码印刷,往往采用两组号码机合并组装而成,有2+6或4+4两种组合。因此,数字排列上有时会出现高低不整齐的现象,甚至即使是同一票券,号码字体前后也会有差异的情形发生。

第一套人民币"十二珍品"

第一套人民币的收藏中,有被专家和收藏家称为"十二珍品"的12种版式的纸币,"十二珍品"分别是5元"水牛图"券、20元"打场图"、100元"帆船"、维吾尔文版500元"瞻德城"、维文版1000元"马饮水"、维文版5000元"牧羊图"、5000元"渭河桥"、蒙文版5000元"蒙古包"、维文版1万元"骆驼队"、蒙古文版1万元"牧马图"、5万元"新华门"、5万元"收割机"。

根据藏家多年的收集实践证明,"十二珍品"中,那高品位的六张蒙文和维文版纸币最难收集,这是有原因的。

首先,这六张人民币流通券是在第一套人民币印制后期,仅限在少数民族地区发行的。1951年3月20日中华人民共和国政务院发布统一关内外币制命令。当年4月1日起收回东北银行和内蒙古人民银行的流通券,5月1日发行蒙古文版的人民币5000元"蒙古包"、1万元"牧马图"两种。

1951年11月1日,在新疆地区发行维文版的500元"瞻德城"、1000元"马饮水"、5000元"牧羊图"和1万元"骆驼队"四种人民币,限期收回新疆地区银圆券。

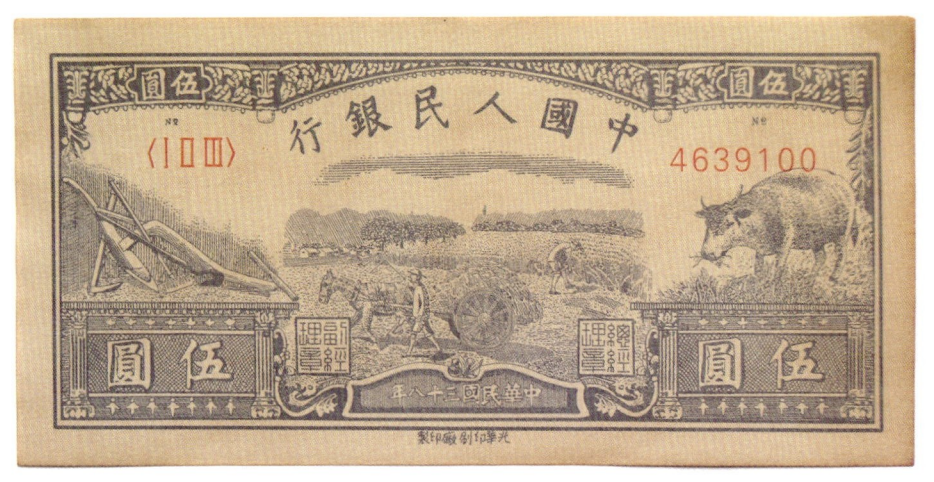

第一套人民币"十二珍品"之一5元纸币"水牛图"券正背面,正面边框下方印有"光华印刷厂印制"手写体字样

第一套人民币"十二珍品"之1万元纸币"骆驼队"正背面

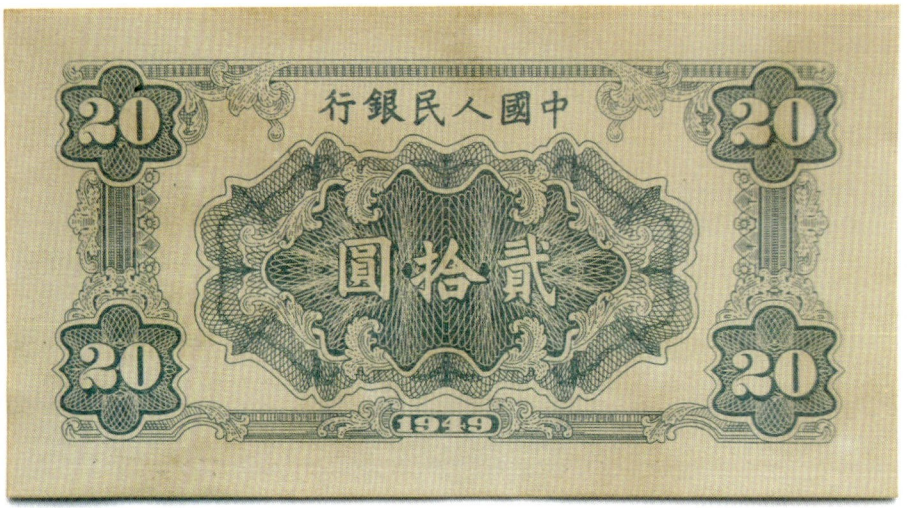

第一套人民币"十二珍品"之一20元纸币"打场图"正背面

第一套人民币"十二珍品"之一5000元纸币"牧羊图"正背面

其次，这六张人民币流通券发行量少，留存量更为稀少。

例如，上海印钞厂从1949年5月到1954年共承印过第一套人民币中的8种面额，11个品种。其中该厂1951年承印的维文版1万元骆驼队券是采用挪威道林纸，使用双面胶版印刷工艺，印制数量较其他品种少得多。

另外，从藏家收集到的蒙文版1万元"牧马图"来看，其冠字均为ⅠⅡⅢ一种，号码位数是七位，但其高位数最大是"2"，可见最多发行量不到300万。

鉴于这六张蒙、维文版钞券分别是在新中国成立初期在内蒙古、新疆地区发行，当时该地区经济落后局面还未能改变，人民生活十分艰苦，很少有人有实力将其完整留存。1955年国家实行币制改革，发行了第二套人民币，又限期将第一套人民币兑换交回国库销毁，再加上近70年的岁月流逝和"文革"时期的毁坏，蒙、维文版钞券在民间留下的就十分稀少了，即使发现，大多也是品相极差。因此，有条件的收藏家只得收藏银行存档的样票。

同时，第一套人民币"十二珍品"中，1万元"牧马图"、5000元"蒙古包"、500元"瞻德城"和1万元"骆驼队"，被收藏界誉为"十二珍品"中的"四大天王"，单张价值更是年年上涨。

"史上最牛人民币"
——1万元"牧马图"券

如果将第一套人民币62种按稀缺程度排位,前三名当属蒙古文版1万元"牧马图"、5000元"蒙古包"和维吾尔文版500元"瞻德城"。

被称为"史上最牛人民币"的1万元牧马图,一直被收藏市场奉为"开山鼻祖",被藏家誉为"中国人民币之宝"和"票王"。其发行年代久远,是目前流通时间最短的一张人民币,已成为目前收藏市场上存世量最少、收藏难度最大的人民币。

1万元券"牧马图"券正面主色为紫色,票幅140毫米×75毫米,冠字只有"ⅠⅡⅢ"一种。主图案描绘一位蒙古牧民,手执修长的套马杆,在一马平川的草原上牧马。天空辽阔,牧草丰美,近景处以头马为首的数匹骏马神态悠闲缓步前行,远景处成群的马儿或吃草,或休憩,牧马人、马与自然构成一幅和谐的美丽图画。背面主色为茶色,绘有蒙文行名并刊印面值。该币主要在内蒙古地区发行,体现了蒙古特色。

1万元"牧马图"券之所以成为史上最牛人民币,不仅由于其设计精美,更重要的是其珍稀程度无可比拟。

1万元"牧马图"券的珍稀性具有四大特性:

第一套人民币"十二珍品"之一1万元纸币"牧马图"正背面

一、发行时间短

1万元"牧马图"发行于1951年5月17日,收回于1955年4月1日,流通时间仅仅3年11个月,使得总体发行量少之又少。

二、存世数量极少

1万元"牧马图"发行时正值解放战争结束不久,流通市场物资匮乏,又是在偏远地区发行的货币,因此发行规模很有限。短短3年多这张纸币就停止流通了,停止流通时回收非常彻底,存世数量极少。

中华人民共和国成立初期,纸币技术水平低下,尤其造纸工艺欠缺,导致当时的货币极易被磨损破坏,以前人们也没有收藏意识,70多年时间里绝大多数的1万元"牧马图"纸币已经被损耗掉了。

据有关专家统计,1万元"牧马图"正式流通票所见有记录的仅有64张,未见有全新品相,九成品相以上据统计不过5张,这种种原因综合起来,也就是说,现今存世第一套人民币票券60张全,品相逾九成不可能超过10套。换言之,全国收齐了第一套人民币九成品相的收藏家在10位以内。

三、保存难度大

因受当时历史条件的限制,印刷技术不高,纸张质量较差,很不容易保存。人民有限的生活条件又加大了保存的难度。

四、有特殊的政治色彩

第一套人民币的发行，标志着中华人民共和国货币制度的建立，为支持解放战争取得最后胜利，为中华人民共和国成立初期物价的稳定，为国民经济的恢复发展发挥了不可替代的作用。所以这"牧马图"还带有传奇般的政治色彩。

根据以上所分析的四方面原因，当今第一套人民币的确是寥若晨星，有关藏家断言：第一套人民币1万元牧马图存世量以两位数计，全世界集全整套最多不过100套，收藏有高品相的第一套人民币大全套可能仅有5套。

在1996年时，1万元牧马图花一两万元就能买到。在1997年的一次文物拍卖会上，第一套人民币1万元牧马图就有人出价5万元竞得。到2006年，其价格飙涨至数十万元一张，十年涨价近10倍。该钞券在台湾正理钞币社编印的《中国近代货币人民币系列》书中九五品标价35万元，全新品为100万元；2020年初，该币市场价为150万元，亦有人标价高达300万元，似乎仍呈上涨趋势，真可谓是中国单张纸币价位之首了，成了名副其实的币王。

如今第一套人民币1万元牧马图如此低的存世量，如此高的市场价，加之在收集第一套人民币当中的决定性作用，成就了它"史上最牛人民币"的美誉。但随之而来的，是仿品的大量出现，收藏者不宜轻易投资。

未采用董必武题写行名的1000元券

第一套人民币的行名和面额字是时任华北财经办事处主任董必武题写的。"中国人民银行"六字位居钞票正面上方，赫然醒目，端庄、稳重而不失典雅的字体，既符合中国人民银行的文化内涵，又弥补了受战时环境影响而设计仓促、图案较为简单之不足，使票面大为增色。

但在第一套人民币众多面值、版别中，有一张钞票没使用董必武所题写的行名，它就是主图案为双马耕地，主色调为灰紫、藕荷色的1000元券。

为什么单单这张钞票未采用董必武题写的行名呢？这张钞票是1948年4月，由位于解放区黑龙江省佳木斯市的东北银行工业处印刷厂印制的。因该厂要比华北等地解放区印刷厂的设备先进很多，生产能力也较强，故中国人民银行筹备处指定它印制这张1000元券，这也是1948年间印制的第一套人民币中面额最大的钞票。

但那时的华北与东北，中间隔着敌占区，路途遥远，没有今天人们习以为常的互联网、传真、快递，很多信息是靠秘密交通员转送，信息沟通十分困难。位于河北省西柏坡的中国人民银行筹备处，只能将票面的几大设计要素告知对方，而董老所题写的行名字样却无法及时传递。

第一套人民币1000元纸币"双马耕地"正背面

据佳木斯厂的老员工回忆：当时承担钞票设计任务的是留用的日本籍设计人员小池，他根据东北银行工业处领导转述的中国人民银行筹备处有关要求，按照自己的理解，设计了这张票面。

这批钞票本来计划于中国人民银行成立时首批发行，但因辗转于运输路途，于1949年2月才到达石家庄市，错过了中国人民银行成立的首发日期。而且此前因怕运输途中被敌人截获，应中国人民银行筹备处要求，佳木斯厂只能完成部分印刷，其余的后序生产工艺到石家庄市由直属厂完成。后来这批钞票又经过加印冠字号码、裁切成小张，到1949年9月才得以发行。

这张唯一未用董必武题写行名的1000元券，对于研究人民币的历史，有着不可替代的特殊价值。收藏者收藏时，要注意避免高价收购到仿品。

唯一"从左到右"书写行名的5000元券

第一套人民币的设计、印制是从1947年底开始的,按照当时汉字横向书写的惯例,"中国人民银行"自然是从右至左。但在众多票种、版别中,唯有一张钞票的行名的书写是从左至右,即5000元"渭河桥"纸币——主图案是火车行驶在渭河大桥上,主色调是黄紫色,面值为5000元。

究其原委,新中国成立后,根据政治形势、国民经济发展的需要,第一套人民币不但继续印制发行,而且又增加并设计了新的、较大面额的票种、版别,这张5000元券就是其中之一。其于1953年由北京人民印刷厂(北京印钞有限公司的前身)设计、印刷,这也是62种版别中设计、印制时间最晚的钞票,成为第一套人民币的收官之作。

该票设计票样上报党中央,毛泽东主席在仔细审查新版票样后指示:"中国人民银行"行名的汉字排列,应从右至左改为从左至右。因为当时国家已经进行文字改革了,排版、书写、阅读的方式发生了变化:由竖排版变为横排版,由右至左变为由左至右。于是这才有了第一套人民币中唯一的行名从左到右的5000元券。

这一特例不仅使我们看到中央领导人对人民币设计、印制的大政方针十分重视，而且看到他们细致严谨的工作作风，这为日后人民币全方位展现国家良好形象奠定了基础。

第一套人民币5000元纸币"渭河桥"券正背面

第一套
人民币的常见种类

第一套人民币工农版1元

面　　额：1元

发行时间：1949年1月10日

正面图案：工人、农民

正面主色：蓝、粉

背景图案：花符

背面主色：浅咖啡

规　　格：113毫米×54毫米

停用时间：1955年5月10日

第一套人民币工厂版1元

面　　额：1元

发行时间：1949年8月

正面图案：工厂

正面主色：浅蓝、红蓝

背景图案：花球

背面主色：青莲

规　　格：116毫米×56毫米

停用时间：1955年5月10日

第一套人民币帆船版5元

面　　额：5元

发行时间：1949年1月10日

正面图案：帆船

正面主色：蓝

背景图案：花符

背面主色：绿

规　　格：115毫米×56毫米

停用时间：1955年5月10日

第一套人民币牧羊版5元

面　　额：5元

发行时间：1949年2月23日

正面图案：牧羊

正面主色：绿

背景图案：花符

背面主色：深绿

规　　格：117毫米×56毫米

停用时间：1955年5月10日

第一套人民币牛车版5元

面　　额：5元

发行时间：1949年7月23日

正面图案：牛车

正面主色：蓝

背景图案：花球

背面主色：深棕

规　　格：127毫米×60毫米

停用时间：1955年5月10日

第一套人民币经纱版5元

面　　额：5元

发行时间：1949年8月23日

正面图案：经纱

正面主色：黄、棕

背景图案：花符

背面主色：茶色

规　　格：116毫米×56毫米

停用时间：1955年5月10日

第一套人民币灌田版10元

面　　额：10元

发行时间：1948年12月1日

正面图案：灌田、矿井

正面主色：浅绿、深绿

背景图案：花符

背面主色：蓝绿

规　　格：121毫米×63毫米

停用时间：1955年5月10日

第一套人民币木工版10元

面　　额：10元

发行时间：1949年2月23日

正面图案：木工

正面主色：黄、粉

背景图案：花符

背面主色：茶色

规　　格：122毫米×65毫米

停用时间：1955年5月10日

第一套人民币火车版10元

面　　额：10元

发行时间：1949年5月25日

正面图案：火车站

正面主色：茶色

背景图案：花符

背面主色：绿

规　　格：122毫米×64毫米

停用时间：1955年5月10日

第一套人民币工农版10元

面　　额：10元

发行时间：1949年8月25日

正面图案：工人、农民

正面主色：浅绿、深绿

背景图案：宝塔

背面主色：蓝黑

规　　格：121毫米×64毫米

停用时间：1955年5月10日

第一套人民币施肥版20元

面　　额：20元

发行时间：1948年12月1日

正面图案：施肥、火车

正面主色：咖啡、深绿

背景图案：大花球

背面主色：紫红

规　　格：121毫米×64毫米

停用时间：1955年5月10日

第二章　第一套人民币的相关知识

第一套人民币10元纸币"杠券"正背面

第一套人民币推车版20元

面　　额：20元

发行时间：1949年2月23日

正面图案：推车

正面主色：咖啡、绿、蓝

背景图案：花符

背面主色：灰绿

规　　格：120毫米×64毫米

停用时间：1955年5月10日

第一套人民币六和塔（甲）版20元

面　　额：20元

发行时间：1949年7月23日

正面图案：六和塔（甲）

正面主色：浅蓝、蓝

背景图案：花符

背面主色：墨绿

规　　格：124毫米×64毫米

停用时间：1955年5月10日

第一套人民币六和塔（乙）版20元

面　　额：20元

发行时间：1949年10月21日

正面图案：六和塔（乙）

正面主色：紫红

背景图案：花符

背面主色：灰黑

规　　格：125毫米×63毫米

停用时间：1955年5月10日

第一套人民币火车版20元

面　　额：20元

发行时间：1949年8月21日

正面图案：工厂、火车

正面主色：蓝绿、黑黄

背景图案：花符

背面主色：墨绿

规　　格：121毫米×64毫米

停用时间：1955年5月10日

第一套人民币火车大桥（甲）版50元

面　　额：50元

发行时间：1949年2月10日

正面图案：火车、大桥

正面主色：深红

背景图案：花符

背面主色：深蓝

规　　格：132毫米×70毫米

停用时间：1955年5月10日

第一套人民币火车大桥（乙）版50元

面　　额：50元

发行时间：1949年6月

正面图案：火车、大桥

正面主色：深蓝

背景图案：花符

背面主色：深红

规　　格：132毫米×70毫米

停用时间：1955年5月10日

第一套人民币列车（甲）版50元

面　　额：50元

发行时间：1949年3月20日

正面图案：火车

正面主色：黄黑

背景图案：花符

背面主色：棕

规　　格：135毫米×67毫米

停用时间：1955年5月10日

第一套人民币列车（乙）版50元

面　　额：50元

发行时间：1949年4月

正面图案：火车

正面主色：黄、蓝、黑

背景图案：花符

背面主色：深棕

规　　格：133毫米×69毫米

停用时间：1955年5月10日

第一套人民币工农版50元

面　　额：50元

发行时间：1949年11月10日

正面图案：工人、农民

正面主色：棕

背景图案：花符

背面主色：棕

规　　格：134毫米×70毫米

停用时间：1955年5月10日

第一套人民币压路机版50元

面　　额：50元

发行时间：1949年11月

正面图案：压路机

正面主色：蓝绿

背景图案：花符

背面主色：棕

规　　格：133毫米×70毫米

停用时间：1955年5月10日

第一套人民币水车矿车版50元

面　　额：50元

发行时间：1949年2月

正面图案：水车、火车

正面主色：棕

背景图案：花符

背面主色：黄棕

规　　格：133毫米×69毫米

停用时间：1955年5月10日

第三章 第一套人民币的版别

不同纸质
产生不同的版别

第一套人民币是在解放战争中蕴酿、诞生、发行的。由于战争正在进行，前方急需大量人民币去占领市场，部队急需大量军费给养，后方急需大量人民币去收兑区币，稳定市场，发展生产，因此造成人民币供不应求，印刷人民币材料纸张只能就地取材，并没有统一的纸张，有什么纸张就用什么纸张。所用纸张有老解放区造的桑皮纸、麻纸，有从市场上采购来的挪威道林纸，有从旧政府印钞厂的仓库中接收来的美钞纸，有东北佳木斯造纸厂生产的波纹水印纸，有从苏联购进的五星纹水印纸，有一般办公用的平版纸，还有国产天章印钞纸。

由于采用不同的纸张印刷，第一版人民币产生不同版别，综合藏友的整理、研究、归纳，据不完全统计，第一套人民币因使用纸质不同而产生的版别有数十种之多。主要有以下三类情况。

一、因纸张厚薄产生的版别

由于同一票券使用两种纸张，有厚薄之分。厚薄特别明显、手感很强的有以下几种票券：

（1）5元牧羊：票券有厚纸与薄纸两种，薄纸票券较少。

（2）10元火车站：票券有厚纸与薄纸两种，薄纸较白，并且薄纸背面文字图案透印非常明显，存世量较少。薄纸是初版，冠字是"ⅠⅡⅢ"。

（3）10元灌田和矿井：票券有厚纸与薄纸两种，厚纸色黄，薄纸色浅，以薄纸为少见。

（4）10元工人和农民：票券有白色薄纸与深色厚纸两种，白色薄纸票券较罕见。

（5）20元棕色六和塔：原称万寿山票券，有厚纸与薄纸两种，以薄纸较少。

（6）50元压路机：票券有厚纸与薄纸两种，厚纸颜色低沉，薄纸颜色鲜艳。

（7）50元铁路：票券有初版与再版不同版别，初版纸质较薄与透明，正面的黄底色较淡，发现量较少。

（8）100元红工厂：票券有厚纸与薄纸两种，以薄纸较少见。

（9）500元正阳门票券：纸质有厚薄黄白之分，厚纸的较少。

二、因纸张底色不同而产生的版别

由不同纸张而产生底色不同，同一票券明显有黄色与白色二种底色。有以下几种：

（1）1元工人和农民票券：有黄色与白色两种，以白色票券较少。

（2）1元工厂票券：有黄色与白色两种，以白色票券较少。

（3）5元织布票券：有黄色与白色两种，以后者为少见，故价值较高。

（4）20元运肥与火车票券：有黄色与白色两种，以白色票券较少。

（5）200元颐和园票券：有黄色与白色两种，以白色票券比较少见。

（6）1000元北海和角楼（宽章距）票券：有黄纸深色与白纸浅色两种，存世量相差不多。

（7）100元轮船票券：有白纸与黄纸两种，以白纸票券较少。

（8）500元种地票券：有白纸与黄纸两种，白纸浅色的数量较少。

（9）1000元双马耕地狭长版票券：有黄纸与白纸两种，票底色有暗红色与白色的明显区别。

（10）1万元双马耕地票券：有黄纸与白纸两种，以白纸票券较少见。

三、因纸张有无水印产生的版别

由于采用不同纸张，同一种票券有的有水印，有的无水印，因水印图案不尽相同，而产生至少十多种版别。

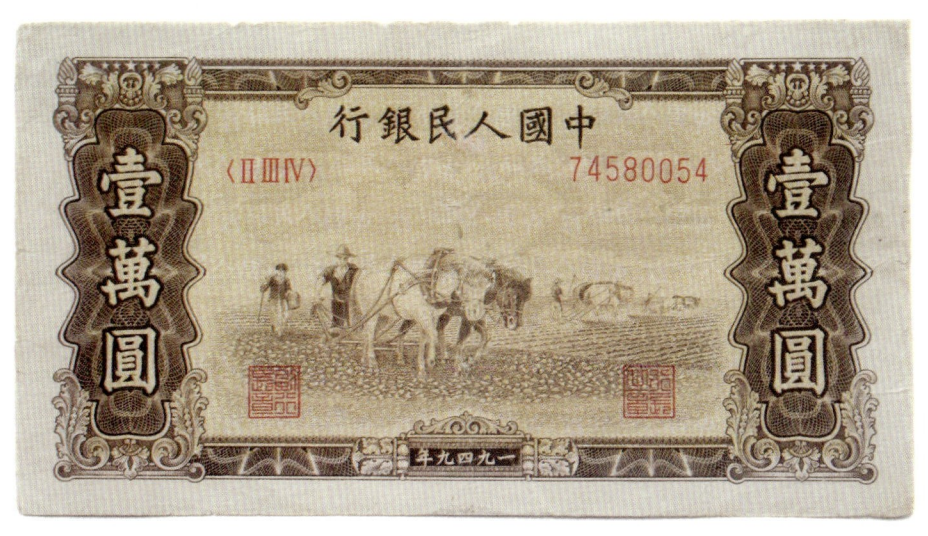

第一套人民币1万元纸币"双马耕地"图正背面

不同制版
产生不同版别

制版原因产生的版别有如下几种情况：

一、62种原版是版别的基础

按照《人民币图册》、石雷的《人民币史话》二书介绍，在编写《人民币图册》一书时，为商讨第一套人民币的版别，特邀了一些当时发行、制作第一套人民币的有关人士，协商决定第一套人民币的版别问题，并作出决议，制定了三条规定，决定第一套人民币为62种原版。以后62种版别，一直为广大收藏爱好者所沿用。这62种版别即是57种原版的基础上，外加20元六和塔券1种、50元火车券1种、100元北海和角楼券1种，共62种。这62种原版是第一套人民币版别的基础。

二、有些再版票因票幅差异而产生不同版别

由于种种原因，第一套人民币在发行过程中需要第二次印刷制版，制出来的新版与原来的旧版版幅有一定差距，印刷后出现与原版票幅不

同的情况，从而产生不同版别。主要有以下几种：

（1）100元万寿山：原版图案距是123毫米，1949年2月5日发行；再版图案距120毫米，1949年3月20日发行。在实际收藏流通券中，藏家发现该券图案距有120毫米、121毫米、122毫米、123毫米四种之多。

第一套人民币100元纸币正背面

（2）200元割稻：原版图案距是125毫米，为深墨绿色；再版图案距是121毫米，为浅墨绿色。狭幅与宽幅两票存世量相差不多。

（3）1000元双马耕地：按照1992年《苏州钱币》总第8期中金诚《第一版人民币版别探辑》介绍，该券有狭幅与宽幅两种，狭幅图案是137毫米，宽幅图案是140毫米。

第一套人民币200元纸币"割稻图"正背面

不同颜色
产生不同版别

不同颜色产生不同版别主要有以下几种情况。

一、在印刷过程中调换颜色产生不同的版别

（1）20元"六和塔"票券：有蓝绿色与紫黑色两种，紫黑色券略少。

（2）50元"火车和大桥"票券：有紫红面与蓝面两种，是华东区行在印刷时，由于某种原因调换了颜色所造成。紫红面券发行于1949年2月10日，一个月后，即被蓝面券代替，故发行期短，印刷量少，所见首位号码为"0"与"1"两个数字，存世量稀少。蓝面券发行于1949年3月12日，发行量略多些。

（3）100元"北海和角楼"票券：有蓝面与黄面两种，黄面券较少。

二、印刷颜色深浅不同产生不同的版别

（1）50元"紫红大桥"票券：有紫红面与大红面两种颜色，据说大红面券极为罕见。

第一套人民币20元纸币"六和塔"，正面蓝色，背面绿色

第一套人民币20元纸币"六和塔",正面紫黑色,背面黑色

（2）1000元"钱塘江大桥"票券：背面常见的是紫红色，亦见有背面橙红色券，但比较少见。

（3）1万元"军舰"票券：背面常见的是褐色，亦有一种黄棕色券，但比较少见。

三、有无底纹与底纹颜色不同产生版别

（1）5元"帆船"票券：本券的底纹有两种版别，一种是无底纹券，另一种为有底纹券，其底纹是深棕色，比无底纹券略少，价略高。

第一套人民币5元纸币"帆船"正面，无底纹

（2）5元"牧羊图"票券：本券的底纹有两种版别，一种是浅绿色底纹，另一种是粉红色底纹。

（3）10元"工农"票券：本券所见均为有底纹版，也有收藏者藏

有无底纹版票券，这种无底纹版票券极少见。

（4）20元"打场图"票券：有深褐色底纹与蓝色底纹两种，初版券为深褐色底纹，再版券改为蓝色底纹，深褐色底纹券较少。近日报道发现无底纹票券，稀少。

（5）50元"蓝大桥与火车"票券：本券常见的一般都有底纹，亦见有无底纹的，但比较稀少。

（6）50元"列车"票券：据《中华人民共和国流通币研究》一书介绍，本券存在两种不同底纹版别。

（7）100元"工厂和汽车"票券：本券常见的都有浅绿色底纹，但亦有无底纹票券面世。无底纹票券甚为少见。

（8）200元"颐和园"票券：本券有橙红色底纹与嫩黄色底纹两种版别，嫩黄色底纹票券较少。

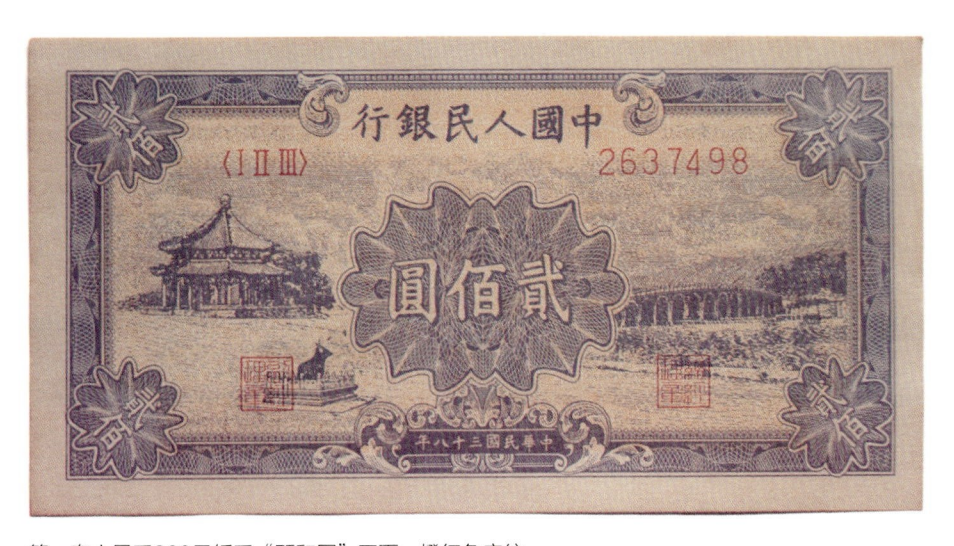

第一套人民币200元纸币"颐和园"正面，橙红色底纹

不同冠字、号码、印章产生不同版别

不同冠字、号码、印章产生不同版别可分述如下：

一、冠字不同产生的版别

第一套人民币冠字有大小、宽狭的不同，但变化微小，不易察觉，而且冠字的变化，往往伴有号码的大小与宽狭的变化，明显冠字宽狭不同的票券有以下几种：5元水牛图、20元推车、50元列车、100元汽车和火车、200元颐和园。

二、号码字体不同产生的版别

第一套人民币所使用的号码字体多种多样，有等线体、粗壮体、幼短体、幼长体、山顶7体、平3体等多种号码字体，号码规格有大字、中字、小字不同，号码长短有长距与短距不同，因此造成了许多票券存在不同版别，甚至同一张票券有两种或两种以上号码字体而引起不同版别。

第一套人民币100元纸币汽车和火车

（1）10元"灌田和矿井"券：本券有粗壮体号码与等线体号码二种。等线体号码又分三种，大字号码4毫米×16毫米、中字号码3.5毫米×16毫米、小字号码3毫米×16毫米，以大字号码为少见。

（2）100元"北海和角楼"券：本券所使用的号码有粗壮体大字号码、粗壮体大字"山顶"7号码、粗壮体小字长距号码21毫米、粗壮体短距号码19毫米、幼短体号码（含平3版）五种。

（3）100元"耕地和工厂"券：本券有大字号码4毫米×21毫米与小字号码3.5毫米×21毫米之分，对小字号码有争议，认为是当时国民党反对派为扰乱我方金融而伪造的假票，收藏界称其为"老假票"。

（4）200元"排云殿"券：本券有粗壮体大字号码4.5毫米×21毫米、粗壮体小字号码3毫米×21毫米、"山顶7"版及细瘦体号码四种。

（5）500元"正阳门"券：本券有粗壮体"山顶7"号码4.5毫米×21毫米、粗壮体小字长距号码4毫米×21毫米、粗壮体小字短距号码

4毫米×19毫米三种版别。粗壮体"山顶7"号码版少见。

（6）1000元"双马耕地"券：本券有粗壮体大字号码、粗壮体山顶7号码、粗壮体小字长距"平7"号码、粗壮体小字长距"腰鼓7版"号码、粗壮体小字短距号码、细瘦体号码（含平3版）六种版别。

三、号码位数不同产生的版别

（1）50元"列车"券：本券有六位数与七位数两种号码，六位数发行于1949年3月20日，七位数发行于1949年4月，由于六位数发行时间暂短，所以发行量稀少。

（2）50元"工农"券：本券有六位数与八位数两种号码，六位数票券略少。

（3）100元"轮船"券：本券有六位数与八位数两种号码，六位数发行在先，发行量少。

（4）1000元"双马耕地"券：本券有六位数与七位数两种号码，不知什么原因，七位数票券反比六位数票券少。

四、职章距离宽狭不同产生的版别

100元"北海和角楼"券：由于加盖的职章距不同，有宽章距42毫米、狭章距20毫米两种，总行只发行宽章距票样，而无狭章距票样，宽章距票券比狭章距票券要少。

不同水印产生不同版别

第一套人民币至少有21个厂家参与印刷，印制工艺不统一，票券质量千差万别。从目前收藏的实物资料分析，在印制第一套人民币的厂家中，曾印制过水印币的厂家有东北银行工业处的佳木斯印刷厂，沈阳造币厂，第一印刷局的河北阜平印刷厂、上海印钞厂、北京印钞厂等。综合研究者和收藏家的发现，印刷厂家和水印版别情况如下：

（1）5元"织布"券：由上海印钞厂印制，分有水印、无水印两种，水印为5个大写英文字母：YROKQ。英文水印又分上英文水印与下英文水印两种不同位置。英文水印券在第一套人民币中较为罕见。

（2）10元"木工"券：由佳木斯印刷厂制版印刷，券钞为满版波纹水印，有横条式水波纹水印与竖条式水波纹水印两种不同水印，以竖条式水波纹券罕见。

（3）10元"工农"券：由北海银行制版，上海印钞厂印刷，分有水印和无水印两种，有水印票券较难辨认。水印票券又有两种类型：一种水印在反面上方图框外两侧，图形似城墙垛口，水印延伸至图层；一种是英文水印，英文水印票券较少，所见几张英文字亦各不相同，位置各异，无固定模式。其中一种在票券正面中间图框外有9个大写英文字母。

（4）100元"北海和角楼"券（蓝面票券）：由沈阳造币厂印制，有空心五角星水印、雪花水印、水波纹水印三种版别，以水波纹水印券为少见。

（5）100元"北海和角楼"券（黄面、印章狭距票券）：由沈阳造币厂印制，有空心五角星水印与水波纹水印两种版别，以水波纹水印券为少见。

（6）100元"北海和角楼"券（黄面、印章宽距票券）：有水波纹水印与雪花水印两种版别，雪花水印券较少见。水波纹水印又可分横条式水波与竖条式水波两种。横条式水波券罕见。

（7）100元"耕地和工厂"券：由第一印刷局（河北阜平印刷厂）印制，分无水印、有水印两种，水印币为五星线水印。

（8）200元"排云殿"券：由沈阳造币厂印制，此券有四种水印分别为五星线水印、空心五角星水印、雪花水印，一种为角形拼图水印。角形拼图水印观察不细的话，易误认为五角星实心水印。

（9）500元"正阳门"券：由沈阳造币厂印制，水印为角形拼图。

（10）1000元"运煤和耕地"券：有五星水印与无水印两种，五星水印票券较少。

（11）1000元"耕地"券（长形券）：由东北银行造币厂制版，佳木斯印刷厂印刷，为角形拼图水印。

（12）1000元"推车"券：由东北银行造币制版，并分别与人民银行直属厂（石家庄）、天津人民印刷厂合作印刷，为五星线水印。

（13）1000元"钱塘江大桥"券：由北海银行印钞厂制版，上海印钞厂印刷。分无水印、有水印两种，水印为五星线水印。

（14）5000元"耕地机"券：由北京印钞厂印制，为角形拼图水印。

（15）5000元"工厂"券（三拖）：由北海银行印钞厂制版，上海印钞厂印刷，为角形拼图水印。

（16）1万元"军舰"券：由北京印钞厂印制，分角形拼图水印、空心五角星水印、雪花水印、无水印四种版别，其中空心五角星水印票券略少。

（17）1万元"双马耕地"券：由上海印钞厂印制，有空心五角星水印、雪花水印、分角形拼图水印、无水印四种版别，以空心五角星水印票券略少。

（18）5万元"新华门"券：由北京印钞厂印制，为角形拼图水印。

（19）5万元"收割机"券：由上海印钞厂印制，为角形拼图水印。

从以上所列不难看出，第一版人民币60种券别，其中有19种券别是有水印的。水印图案分为波纹、英文字母、城墙垛口、五星线、角形拼图、空心五角星等。而水印的厂家主要是沈阳造币厂、上海造币厂、北京造币厂、佳木斯印刷厂、河北阜平印刷厂。

根据沈阳造币厂《东北解放区印钞简史》及《上海印钞厂志》《北京印钞厂志》记载，我国还不具备生产水印纸条件，水印纸主要从苏联和美国进口。从苏联进口的是五星线水纹纸和波纹水印纸。

1949年6月，沈阳造币厂曾开展全厂职工生产竞赛，在检查印钞总作废量时就有记载使用苏联进口五星线水印纸废品拣出率未超过0.7%的信息。

水印币中最奇怪的是使用了美国进口的水印纸印制的工农10元券，该券是在上海印钞厂印刷，水印纸应该是国民政府时期印钞厂存于仓库中的，上海刚解放，为赶印人民币急需调用的。

从第一版人民币实物资料和有关印钞厂史志资料来看，第一版人民币中水印币从一开始就存在。如果所列这些版别的券钞，收藏者在鉴别时发现没有水印的话，那就要引起注意，可能就是假币了，如市场上出现的第一套人民币100元"北海和角楼"蓝面票、黄面票券，200元"排云殿"票券、500元"正阳门"券、5万元"新华门"券，这些该有水印而没有水印的，都属于新仿品。

此外，还有仿品上面有水印，但水印是仿制的，这类更具有迷惑性和欺骗性。如收藏市场上出现的第一套人民币500元瞻德城券背面可见五星水印，但其水印不是透光亮的，而是直接印上去的，属于仿制的水印。

所以认识水印币，知道水印币，研究水印币，对于第一套人民币的广大收藏者来说，具有重要的现实意义。

第一套
人民币的暗记

　　第一套人民币有多种面额，多个版本，该怎么去辨别呢？鉴定人民币时通常会看暗记，因为每张纸币的暗记都不同，第一套人民币也有暗记。

　　暗记，顾名思义，即暗藏的记号。人民币纸币上的暗记是指人民币的设计者、雕刻者或制版者有意在钞票票面某一部位设置隐藏的秘密标记。

　　第一套人民币62个票券，有55个票券设有不同形式的暗记，而且很多票券上设有几处暗记，有些设有十几处暗记，甚至几十处暗记，有个别票券上的暗记可以组成完整的词汇或口号。其中唯一的狭长币1000元第一版"耕地"正背面共有18个暗记。

　　再如，第一套人民币10元"锯木和犁田"，发行于1949年2月23日，1955年5月10日停用，票面尺寸122毫米×65毫米，三字冠、六号码，图案正面左侧锯木，右侧犁田，正面主色是粉红色，背面花符茶色，印刷工艺采用四色胶印，印刷单位为东北银行工业处佳木斯印刷厂。该币暗记特点是，正面右图右侧房墙上有"M"，左侧有"A"和"田"；背面右侧拾字中有"光"，左侧"拾"字中有"明"；年号下有"在"；右下角花符上方有"前"。

　　下面将第一套人民币的主要暗记列之如下：

1元"工农"券，票面图案左侧一男工和一女农，在工厂房顶下有一"A"字，左框中部有一个等边三角形符号。

1元"工厂"券，票面右心形图案内有一"中"字。

第一套人民币1元纸币"工厂"票面右心形图案内有一"中"字暗记

第一套人民币1元纸币"工厂"局部 票面右心形图案内有一"中"字暗记

5元"帆船"券，票面右下花团叶上有一"中"字。

5元"牧羊"券，票面右下角"伍"字内有一"A"字，左框中部有一个等边三角形符号。

5元"织布"券，票面左图左缘有一"中"字。

10元"灌田和矿井"券，票背面中央几何图案中藏有一带圈五角星。

10元"火车站"券，票背面左下方几何图案内藏有"人民"二字。

10元"工农"券，票券以"合""作"二字作暗记，票面上边框中左图上有一"中"字。

10元"锯木和犁田"券，票券背面设"光明在前"四字暗记。

第一套人民币10元纸币工农
票面以"合""作"二字作暗记

20元"推车"券，票面右上几何图内有一"中"字。

20元"古塔牧羊"券，票背面右侧"2"字下藏有"人"字。

20元"帆船和火车"券，票面电力牵引车头右侧藏一"民"字。

20元"立交桥"券，票背面"2"字中隐藏着"自"字；另一版别票为"力"字。

20元"工厂和火车"券，在初版时只设"沪""山""R""中""出"5暗记，再版时在此基础上又增加了"上""H""廿""元""人""民""自""由"等8处暗记。

20元"驴子和火车"券，票面左图两树冠之间有一"人"字。

20元"打场图"券，票面图中右二人脚下有一"人"字。

50元"车、桥、路"券，票面右图左端电杆右侧有一"人"字。

50元"农工"券，票面边框左下有"人民"二字。

50元"驴子和矿车"券，票面右图山坡上有一"人"字。

50元"压路机"券，圆轮左上有一"中"字。

100元北海桥，票券正面均设置有完整的"中国人民银行"行名暗记，正面设有"革命胜利"暗记；票面左图树丛中藏有"中国"二字，桥栏杆上藏有英文"B"字母。

100元耕地和工厂，右图厂房前有英文"X"字母。

100元工厂，票背面有两个几何图形，右藏"人民银行"，左藏"壹佰圆"。

100元驮运，工厂中部烟囱下有一"中"字，第一头毛驴眼睛下亦有一"中"字，票左"壹佰圆"三字的左边花球中藏"人""民"二字，背面几何图形中有"民""行""百"3个字。

100元轮船，票面右房旁有一"中"字。

100元帆船，票面左下几何图中有一"田"字。

200元佛香阁，正面右上角面额内有"解"字，正面右下角面额内有"放"字，正面年号花卷内有"全"字，正面左下角面额内有"中"字，正面左上角面额内有"国"字；正面左侧面额左侧花卷内有"A"字，正面行名行字右下有"日"字；背面中央大花团左下角花卷内有"拥"字，背面中央大花团右下角花卷内有"护"字，背面左侧方框右花卷上有"毛"字，背面右侧方框左端花卷上有"主"字，背面行名右侧花卷内有"席"字。

200元正面棕褐色"佛香阁"券，左下角"贰佰"两字中间有一个"中"字，票背面黄褐色底纹图案四角对应部位有"和""平""条""件"四字。

200元"割稻图"券，票面花球右侧有一"山"字。

200元"颐和园"券，票面左图树冠上有一"民"字。

200元"排云殿"券，票面左下几何图案内有一"巾"字。

200元"长城"券，票面右下几何图案内有一"人"字，左下几何图案内有一"民"字。

200元"炼钢"券，右上角部花边中有一"X"字母。

500元"收割机"券，正面四角面额中间设有"自力更生"四字。

500元"农民和小桥"券，票面中间几何图案右下有一"北"字。

500元"正阳门"券，票背面左右各一花球，左内藏"伍"字，右内藏"佰"字。

500元"起重机"券，票面上方长方形框左右藏有"人民"二字。

500元"瞻德城"券，票面右下花球内有一五角星，票背面花球中心有"500"字样。

1000元"耕地"券，背面是天坛图案，票面右侧花球下方有英文字母"R"，右下框内有英文字母"A"。

1000元"推车耕地"券，背面轮船图，其船首暗记为"解放号"三字。

1000元"秋收"券，背面周围边框上藏有"中国人民银行"完整的行名暗记。

第一套人民币5000元纸币蒙古包
蒙古包顶部以"蒙""古"二字作暗记

  1000元"拖拉机耕地"券，票面中间右边花旁有一"2"数字。

  5000元"蒙古包"券，蒙古包顶部以"蒙""古"二字作暗记。

  5000元"渭河桥"券，桥上有一列火车，第二个车轮上有"天工"二字。

  1万元"军舰"券，票面上方花球左右有"四""九"二字。

  1万元"骆驼队"券，票背左侧花团内有一"民"字。

暗记的增减
产生不同的版别

第一套人民币因暗记的增减而产生不同的版别。由于同一票券的承印厂家不同，或同一厂家在再版时增减暗记，以示区别印刷责任而产生不同版别，随着海内外广大收藏爱好者的不断探索和钻研，新的暗记版别相继发现，使第一套人民币版别更加丰富多彩。增添的暗记版别有以下十几种：

一、5元"牧羊图"票券有两种版别

（1）有五角星版：票背行名上有一"★"暗记。
（2）无五角星版：票背行名上没有"★"暗记。

二、10元"锯木和犁田"票券有两种暗记版别

（1）二弧版：票背年号右侧为二弧。
（2）三弧版：票背年号右侧为三弧。

第一套人民币10元纸币"锯木和犁田图"券背面局部，年号右侧为二弧的称为"二弧版"

三、20元"立交桥"票券有两种暗记版别

（1）有自由版：票面有"自由"暗记；首位号码是0、1、2、3、4，应是初版。

（2）无自由版：票面无"自由"暗记；首位号码是5、6、7、8、9，应是再版。无"自由"版比有"自由"版少。

四、50元"工农"票券有两种暗记版别

（1）普通版：有10个共同暗记。

（2）大东版：除有10个共同暗记外，在正背面都有"大东"二字暗记。本券为上海大东印刷厂承印。

五、100元"轮船"票券有七种暗记版别

（1）普通版：有10个共同暗记而无特殊暗记，是第一套人民币最常见的票券。

（2）二字版：除有共同暗记外，正面大轮船下三角中有一"二"字暗记。

（3）百元版：除有共同暗记外，正面水波纹下边有"百元"二字暗记。

（4）"KK"版：除有共同暗记外，正面右下角有"KK"二字母暗记。

（5）壬申版：除有共同暗记外，在正面右上角面额内有一"壬"字，左上角面额下有一"申"字。本版别甚为稀罕，难得一见。

（6）西安版：除有共同暗记外，在票面左侧边饰中有一"西"字。票背面行名左下方有一倒置的"安"字暗记。

（7）背无暗记版：背面没有"百""行""民"三字暗记。本版别在国内外收藏书刊上未见报道。

六、100元"驮运"票券有三种暗记版别

（1）普通版：有5个共同暗记。

（2）"K"字版：除5个共同暗记外，在正面右上方有一阴文"K"字母。

（3）"H"字版：除5个共同暗记外，在背面右下角有一"H"字母。

七、200元"炼钢"票券有八种暗记版别

（1）普通版：有15个共同暗记。

（2）"人Z"版：除有15个共同暗记外，正面有"人""Z"两个暗记。

（3）"OT"版：除有15个共同暗记外，正面有一"O"字母暗记，背面有一"T"字母暗记。

（4）"大东"一版：除有15个共同暗记外，正背面有"大东"二字暗记，是上海印钞厂委托上海大东印刷厂代印的票券。

（5）"大东"二版：除有15个共同暗记外，正面有"大东"二字暗记，而在背面却没有"大东"二字暗记，甚为罕少。

（6）"午月小水"版：除有15个共同暗记外，背面面额的四周有"午""月""小""水"四字暗记。

（7）"KK"版：除有15个共同暗记外，正面左下角有"KK"暗记，为上海印钞厂委托上海三一印刷厂代印的票券。

（8）"大力大成"版：除有15个共同暗记外，背面有"大""力""大""成"四字暗记。

（9）"大力"版：除有15个共同暗记外，背面有"大""力"二字暗记，而无"大""成"二字暗记。"大力"版比"大力大成"版要少见。

八、200元"长城"票券有三种暗记版别

（1）普通版：有8个共同暗记。

（2）"大东"版：除8个共同暗记外，正面有"大东"二字，还有"T""元"二字暗记。

（3）"凡可升山木"版：除8个共同暗记外，背面有"凡""可""升""山""木"五字暗记。

九、500元"拖拉机"票券有两种暗记版别

（1）普通版：有14个共同暗记。

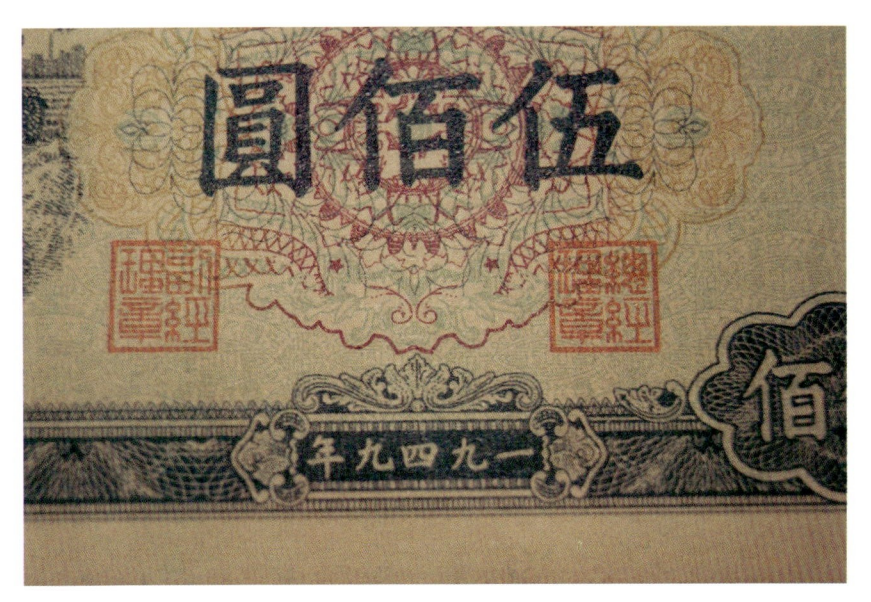

第一套人民币500元纸币"拖拉机图"券背面局部，此为普通版，票券上有14个共同暗记

（2）005版：除14个共同暗记外，在正面年号右侧有"005"暗记。

十、1000元"钱塘江大桥"票券有两种暗记版别

（1）"H"版：正面右图六和塔下的亭子尖角中有"H"字母暗记。

（2）"X"版：正面右图六和塔下的亭子尖角中有"X"字母暗记。

十一、1000元"秋收"票券有两种暗记版别

（1）普通版：有14个共同暗记。

（2）"西安"版：除14个共同暗记外，在票背行名左右两侧有"西""安"二字。本券是西安印刷厂承印的票券。

关于第一套人民币暗记产生的版别，由唐平编著的《中华人民共和国第一套人民币版别研究》一书中有深入研究。有助于对暗记和版别的学习，不失为一本好书。可供藏者参考。

第一套
人民币的特殊版别

在最早的印刷中我们已建立了很严格的管理制度，其中第一条就是没有总行批准是不准私自印制的，各版别的纸张和颜色都要经中国人民银行总行批准，这就在管理上上了个新台阶，严格统一了人民币印制管理要求，有了统一的技术标准。但因为种种原因，出现了一些特殊版别，或未严格按照统一标准印刷的人民币，这些深受收藏者的宠爱。

其特殊版别如下：

1000元"双马耕地图"券：是第一套人民币中唯一一枚狭长币，其规格为150毫米×62毫米。除1000元狭长版外，第一套人民币票幅规格长宽比例都是2∶1左右，只有这版1000元券票幅比例是2∶0.8。

5元"水牛"券：是现有五套人民币中，唯一印有"光华印刷厂印制"手写体字样的币种。

500元"瞻德城"券、1000元"马饮水"券、5000元"牧羊图"券和1万元"骆驼队"券：这四版人民币的背面印有维文"中国人民银行"字样。

5000元"蒙古包"券和1万元"牧马图"券：这两版人民币的背面印有蒙文"中国人民银行"字样。

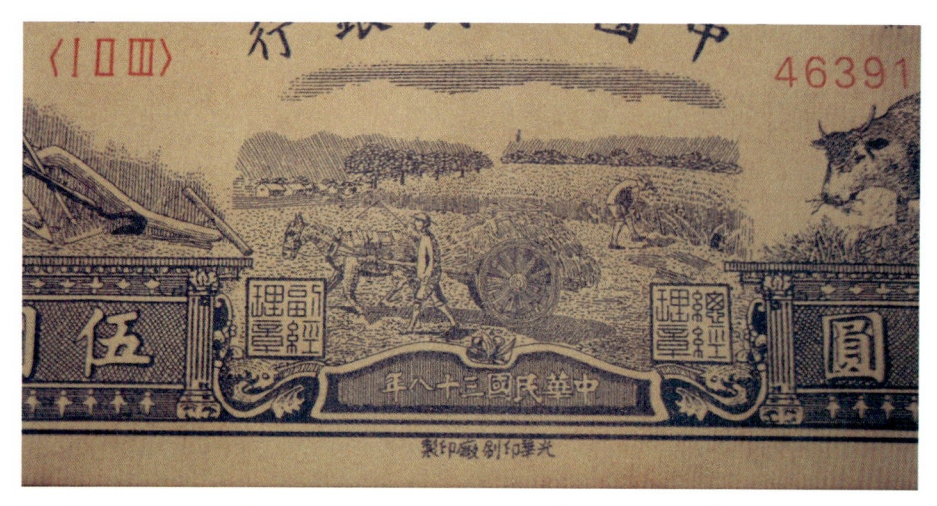

第一套人民币5元纸币"水牛图"正面局部，为第一套人民币中唯一一张上面印有"光华印刷厂印制"字样的纸币

5000元"渭河桥"券：第一套人民币中唯一一种从左向右书写行名、年号以及面额文字的版本。

版别研究是第一套人民币研究的重点，第一套人民币还有许多版别尚未发现，需要更进一步发掘。有些票券还找不到"娘家"，如100元"轮船"券壬申版、200元"长城"券午月小水版、1000元"钱塘江大桥"券千元版等，它们是什么厂家承印的，都需要研究者去探寻。

有人提出第一套人民币的"同版异厂券"问题，第一套人民币的几张票券为几家印刷厂共同印刷，称作"同版异厂券"，异厂印刷的人民币是否同原版一式一样，丝毫不变？如20元推车券、50元列车券、200元颐和园券等，都是两家印刷厂印刷的，两家印刷厂印刷的票券是否有版别上的区分呢？这也是值得进一步深入研究的。

第四章 第一套人民币的收藏

第一套人民币的收藏价值

第一套人民币面值多样、种类复杂，而且流通时间短，部分版别的第一套人民币发行和流通数量非常少。第一套人民币停止使用时间已逾半个世纪，其间又经历了多次政治运动、经济改革，因此收藏者留存下来的不多，能将之集全者实属凤毛麟角。

作为我国的法定货币，人民币既具有货币职能，又具有较高的欣赏和收藏价值。其收藏价值体现在如下方面。

一、怀旧价值

第一套人民币从构图、版式到纸质和印刷，每一个方面都可以反映出当时的社会背景、工农业生产状况、人民群众生活水平，以及社会的发展、经济的繁荣等情况。人民币和人们生活有着密切的关系，人们对人民币更是怀着一种深厚而特别的情感。一张张纸币往往寄托着人们对过去的眷恋，能勾起人们许多美好的回忆。保存一张纸币，就是珍藏了一段历史，故有人称"奇货可居"并不为过。

二、精神价值

收藏人民币是积淀人类文明、启迪人们智慧的文化活动，也是清静之中的享受，闲暇之中的纳福，可谓是"身在其中，其乐无穷"。不但能够陶冶情操，增添乐趣，增长知识，有益健康，而且也是难得的精神和物质财富的积累。

三、科技价值

第一套人民币上的很多画面，都反映了新中国成立初期欣欣向荣的新气象。第一版人民币的印制，采用了7种技术，分别有石印、胶印、凸印、凹印、凸凹合印、凸胶合印等。

第一版人民币防伪手段和暗记数量很多，例如唯一的狭长币1000元"双马耕地"券，正背面共有18个暗记。由于高超的工艺很难仿制，故当时第一版人民币的假钞几乎没有。第一套人民币代表了当时最高最新印刷科技水平。

四、珍稀价值

第一版人民币是中国人民银行自1948年12月1日开始发行的。由于当时华北已解放，第一版人民币实际上在新中国成立之前已经发行了一小部分。

当时全国旧币收兑机构有7.3万多个，只用了100天时间就收回了流放量的98%,加上以后陆续回收,留剩在社会上的寥寥无几。有人估算,现存世量最多的品种不超过5000张,有一半的品种在1000张以内,有些品种更少。

这极少的存世量中,完好保存下来的更是少见。因为这套纸币发行于中华人民共和国成立初期,当时我国纸币制造技术水平低下,造纸工艺欠缺,导致当时的货币极易被磨损破坏,钱币保存难度很大。

据有关资料记载,"当今而言,第一套人民币集全整套者,全世界应不逾60套"。许多专家经过几十年的调查分析研究,根据拍卖行及钱币市场成交量、存世量等方面因素推算,1951年5月发行的500元"瞻德城"券、1951年5月发行的5000元"蒙古包"券、1951年10月发行的1万元"牧马图"券,存世量均不到50张。可见藏品之珍稀。

五、集藏价值

第一套人民币是非常难集齐的,之所以很难集齐,主要原因有两个:一是第一套人民币共有62种版别,数量众多,收藏复杂程度可想而知。"盛世收藏兴",半个多世纪后的今天,退出流通领域已达60多年的第一套人民币更是绽放出绚丽的光彩。它的稀缺性、不可再生性,以及人们对"红色"藏品的喜爱性,决定了它的珍贵性。加之有些版别由于发行的时间短、数量少、区域小、存世量少,极难收集。现在有些品种在钱币市场上,根本觅不到踪影,甚至连一些钱币拍卖会上也鲜有所闻,且有价无货。有人说收藏第一套人民币能达到20个品种者为初等水平;达到21~40个品种者为中等水平;达到41~54个品种者为上等水平；能达到55种以上者为凤毛麟角，可见收藏难度之大。

二是第一套人民币中的1万元"牧马图"券存世量稀少，可遇不可求，所以往往有市无价。而这张钞票，也因此被誉为人民币收藏界中的"票王"。

这两个方面的原因，使第一套人民币具有极高的集藏价值。

六、投资价值

第一套人民币大全套普通品相的在2000年一套售价为21.7万元，2002年涨到了48.7万元，到2009年后价格最高突破300万元。据2019年12月5日金投外汇网发布的《第一版人民币最新价格表》，第一套人民币大全套市场价为500万元，而市场报价最高者则达700万元。据金投外汇网发布的交易信息，1万元"牧马图"券价格为150万元，而市场报价最高者则达300万元。"四大天王"级别的单张纸钞价格也是突飞猛进，连创新高。

随着我国经济的飞腾，社会的繁荣，人民生活水平的提高，收藏爱好者的不断扩大，加之半个世纪以来的沉淀，极具文物价值的第一套人民币已成为钱币收藏市场上独具魅力的一朵奇葩，是钱币收藏中独具魅力的珍品系列，其价值潜力不可估量！可遇而不可求的第一套人民币佳品，是文物，是古董。

第一套人民币的收藏市场行情

第一套人民币的早期投资者如今都已经有了丰厚的回报。62个版别的第一套人民币最小面额为1元，最大面额为5万元，总面值为17.6552万元，按现在的人民币比价，为17.6552元。

第一套人民币自1955年退出流通领域后，收藏价值并没有引起人们的关注，可能是长期的计划经济，国民手头没有富余的钱，也没有收藏的风气，所以第一套人民币沉寂了20多年，一直到20个世纪70年代末期，才有人开始收藏，市场行情启动，从1977年的6000多元飙升至20世纪90年代初的1万元左右。此后，价格一路狂涨。

第一套人民币的收藏投资价值是由拍卖市场发掘出来的。当1998年邮币卡市场持续走低时，第一套人民币市场价却不断走高。1998年，在中国嘉德秋季拍卖会上，钱币专场竞拍活跃，成交前三名中，"中国第一套人民币纸币60枚全套"（实际缺2枚）以28.6万元的高价落槌成交，成为该场拍卖会的高潮和亮点。

不到一年，这个拍卖价再创新高，几近翻番。1999年夏末秋初，邮币卡市场极度低迷，而第一套人民币仍然是受到投资者青睐的投资热点。1999年8月22日，中国北京举办的第22届万国邮联大会期间，在北京昆仑饭店举行的嘉德邮品钱币中国'99世界邮展专场拍卖会上，1496件拍品成交率不到一半，仅49%。就在这不到一半的成交率中，"中国第一套人民币60枚全套"以46.2万元成交，创下了该场拍卖会成交价的最高价，比一年前的成交价翻了近一番。

在第一套人民币中，有很多已经成了钱币收藏投资珍品。如1951年10月1日发行的500元"瞻德城"纸币，当时市场价已达4万元以上。1951年5月17日发行的5000元"蒙古包"纸币，全品相的当时已突破10万元。1951年10月1日发行的1万元"骆驼队"纸币，当时市场价为4万元以上。这些都不是当时第一套人民币中价格最高的，最高价是1951年5月17日发行的1万元牧马图纸币，当时已高达10多万元。相当于2019年的200多万元。

中国第一套人民币市场行情突飞猛进，第一套人民币的快速升值期是进入21世纪之后的事情。步入21世纪后，第一套人民币全套市场价即达到50万～60万元，到2005年时，身价就飙升到100多万元，到2008年底时，价格又突破了200万元，然后不断走高，全套全品的市场价格突破了400万元。2019年12月5日，金投外汇网发布的第一版人民币最新价格为500万元，2019年网上币商最高报价达700万元！

这说明，第一套人民币的投资价值和投资潜力都已经得到了市场的认可。应该了解的是，第一版人民币的面值1万元并非现在的1万元，而是现在的1元。因为1955年3月发行第二套人民币时，第一套人民币1万元折合新版人民币1元收兑。这就是说，第一版人民币很多品种的升值已经高达10万倍以上，其中1万元"牧马图"券升值高达150万倍！

即使第一套人民币价格不断上扬，但物以稀为贵，要找到第一套人民币全品相大全套已经是难上加难，故而第一套人民币已经成为人民币投资中的绩优品种，会成为只涨不跌的长线投资品种。在21世纪之初邮币卡持续下跌的市道中，第一套人民币已成为中流砥柱，尽显风流。进入2023年，第一套人民币的市场价仍呈坚挺之势。

第一套
人民币收藏家的故事

由于历史背景和时代条件的限制，第一套人民币的纸张质量较差，票面破损较严重，存世数量少，品相上佳的币券很少，能将之集全实属凤毛麟角。

刘文和是北京市钱币学会常务理事，他收藏第一套人民币始于1993年。他介绍："当时，中国台湾收藏家李庚申集齐了整套第一套人民币，并出版了一部图集。此后，第一套人民币的收藏热潮开始在国内外掀起。"

"现在看来，第一套人民币极具收藏价值，"回忆历史，刘文和感叹，"遗憾的是，当时的人并没有想到它的收藏价值，在1955年国家发文收回时，短短100天，就收回钱币流通量的98%。这是几套人民币中回收最快的一次。"

然而，李庚申早就注意到第一套人民币的价值，自1965年起开始收藏。当时，与他同时收藏最具实力的还有一名新加坡人和一名美国人。1983年，李庚申自费印刷了第一套人民币图册，一度使第一套人民币一张的价值就升到新台币7万元，其中的一万元"牧马图"券升到新台币25万元一张。

1987年，李庚申抵押了自己的全部家产，把精力和财力全用在收藏第一套人民币上，并在内地雇佣了几个专职人员到各地收购，终因开支过大而倾家荡产。1998年李庚申逝世后，第一套人民币价值有些回落，李庚申收藏的第一套人民币被新加坡人购得。

第一套
人民币的收藏投资

　　第一套纸币的价位已高，非一般家庭投资者能够承担。然而，第一套人民币因使用时间短，年代久远，尽管发行量大，但当时大家收藏意识不够，很少有人收藏，经过"文革"等政治运动，存世量已经十分稀少，故而钱币收藏投资者不可忽略其收藏投资价值。那么，第一套人民币哪些最具投资价值呢？

一、低价位全品相的

　　第一版人民币中不乏数万元的品种，但全品人民币市场价在1000多元的也有12枚之多，品相较差的低值品种（五品）市场价百元一张达20多种。这些品种从价位上看，升值空间大。

二、高面值中相对低价位的

　　高面值指第一套人民币面值在1000元到5万元的，共有17枚，这17枚市场价大多数在数千元到数万元一枚，但也有价位低的，其中市场价2000～3000元的有4枚，而五品的数百元也有。1万元面值的4种纸币，其中"牧马图"券为150万元，"骆驼队"券为10万元，而"双马耕地"券和"军舰"券则每枚只要4000元，这两枚的发行时间比另两枚的发行时间早2年，虽然使用时间比另两枚长2年，发行量大许多，但价位与前两枚比较有优势，具有增值潜力。

高面值币中还有1000元的"钱塘江大桥"券，该币八品的市场价格也就1200元，全品的也只要2000元。1000元中还有"秋收"券，市场价和"钱塘江大桥"券差不多。

三、连号码的收藏投资价值更高

第一套人民币中一些连号码钞票的价值本身就比一般品种高。据报道，大约20年前，两枚连号码的1951年版5000元"牧羊图"券从5000元起拍，最终以12万元落槌成交，成为当时最值钱的人民币之一。

四、不同版本存量较少的品种值得关注

由于原材料供应状况不同，纸张、油墨就地取材，造成券钞质量参差不齐，同一面值的人民币有不同的版别，如数字、字轨、纸质不同都造成版别不同。这些不同版别的人民币价值差异较大，其中存量较少的品种更具投资价值，值得收藏投资者关注。

第一套人民币1000元纸币"钱塘江大桥"券正背面

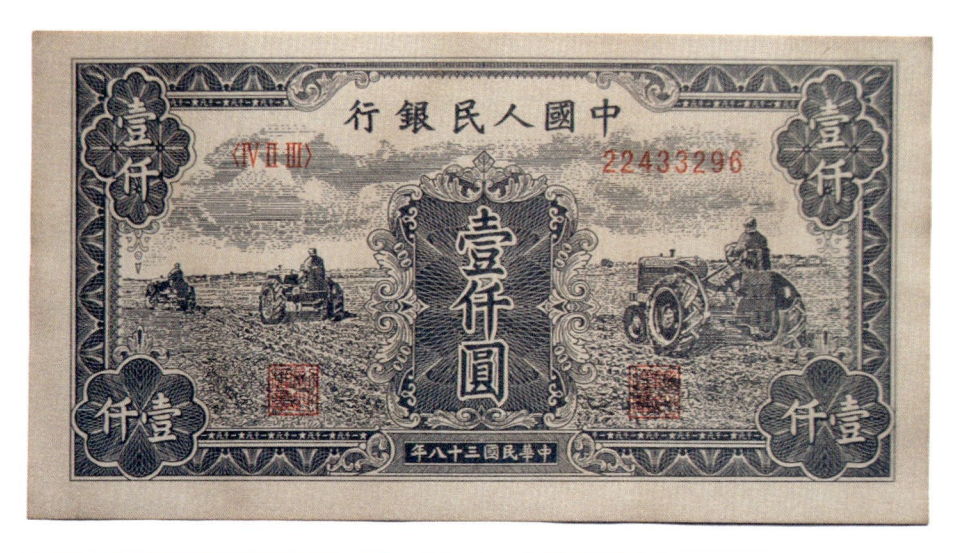

第一套人民币1000元纸币"秋收"券正背面

五、带水印的票券

第一套人民币从1元至5万元共发行有12个不同面额，62种不同印制图案的票券。印钞所用纸有国产专用印钞纸、进口钞票纸、特制棉纸及道林纸。印刷技术采用有胶印、单双面凹版印刷和石印。2011年看到台湾陈正统先生《人民币版式收集探索（六）》一文中谈到，第一套人民币中发现少量的10元"工人和农民"图案英文水印券、1000元"钱塘江大桥"图案星水印券、1万元"军舰"图案星水印券和1万元"双马耕地"图案水印券。

为此，仔细鉴赏了所集的第一套人民币，又发现在两种5万元券中也有相同规则的水印，此种水印并非印钞前专门设计的，而是采用了具有水印的特种印钞纸。这就打破了原来对第一套人民币提出"在防伪性能上除了一些特定的暗记外，均无水印"的说法。由此可见，第一套人民币纸币由于诞生于中华人民共和国成立前后，随着解放战争形势的发展，陆续发行至全国各地，故其印制所用纸质、技术和印刷厂，都较第二、三、四套人民币复杂得多。这就使得第一套人民币纸币具有更深广的研究、鉴赏天地。

据现有研究成果表明，在印制第一套人民币的厂家中，曾印制过水印币的厂家有东北银行工业处的佳木斯印刷厂、沈阳造币厂、第一印刷局的河北阜平印刷厂、上海印钞厂、北京印钞厂等21个印刷厂。水印图案分为波纹、英文字母、城墙垛口、五星线、角形拼图、空心五角星等。

精品仍有收藏投资潜力

第一套人民币现在市场价值500万元一套，升值28万倍之多。尤其是一些高价值的品种，升幅更加惊人。那么，这些高价的品种还有没有增值潜力呢？答案是毋庸置疑的。

第一套人民币中不少是珍品，其观赏、纪念、珍藏、投资价值与日俱增，受到知名拍卖行和文物收藏家的特别青睐，如第一套人民币中的"十二珍品"，其中又以六张蒙、维文版钞券为核心。这六张蒙、维文版流通券是在第一套人民币印制后期印制，仅限在少数民族地区发行，发行量少，留存量更为稀少。

还有两张不同版本的5万面值的纸币，分别在北京和上海两地印刷，流通时间均为一年零三四个月，存世量十分稀少。即5万元"新华门"券，北京印钞厂承印，印刷于1950年，发行于1953年，流通时间仅1年3个月，存世量十分稀少；5万元"收割机"券，印刷于1950年，发行于1953年，流通时间仅1年4个月。

其中"北京新华门"这版，票面图案"新华门"原为清乾隆年间兴建的宝月楼，是一座古典风格的二层明楼，楼前有石青地金字楷书"新华门"三字横匾，是清末民初书画家袁励准题字。

这两种纸币，如果品相在九成新以上，其价值分别在2万元和7万元以上！而第一套人民币中最贵的1万元"牧马图"券，如今更是百万身

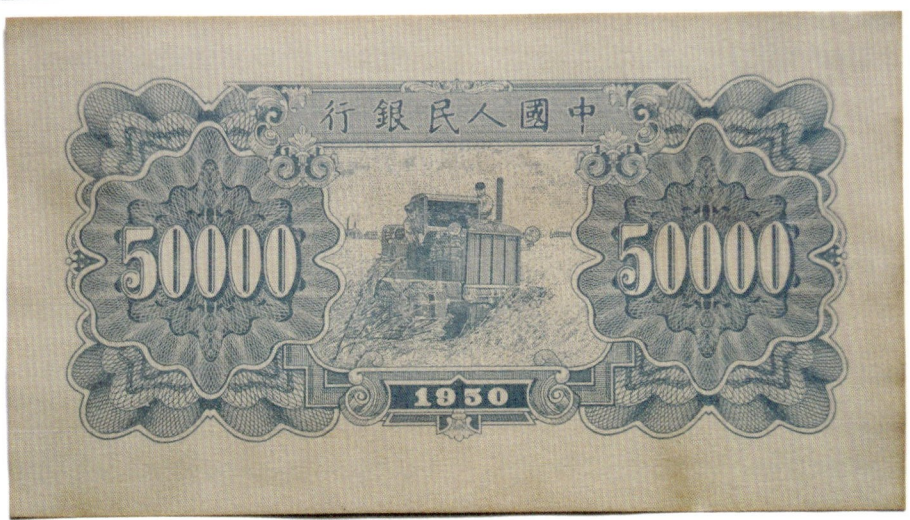

第一套人民币5万元纸币"新华门"券正背面

价！无论是5万元的"收割机"券"新华门"券，还是1万元"牧马图"券，它们都属于第一套人民币中的精品和珍品，见证了中华人民共和国成立初期经济的恢复与发展，成为历史难忘的记忆。这类珍藏精品价值还会走高，将来开出天价都是不足为奇的。

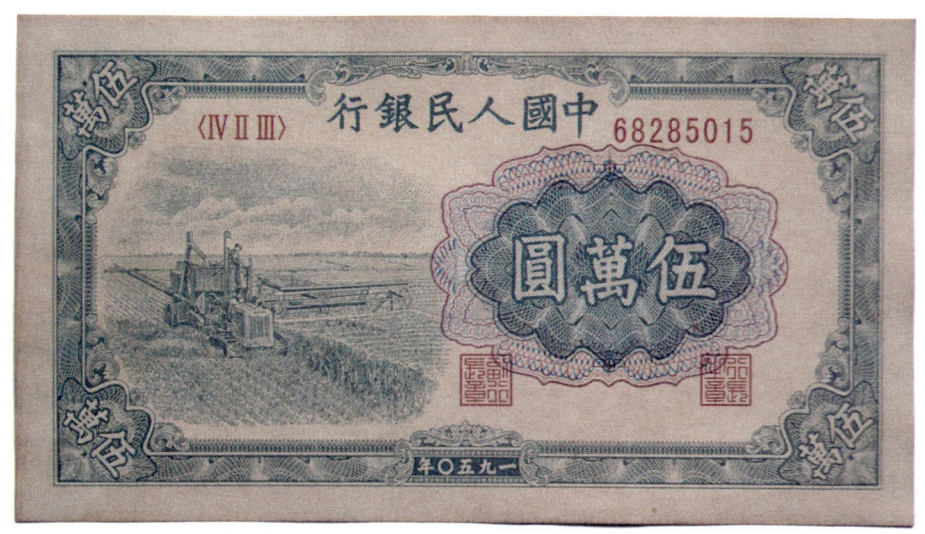

第一套人民币5万元纸币"收割机"券正背面

综上所述，第一套人民币精品随着中国经济的腾飞，人民生活水平的提高，收藏队伍的逐步扩大，将成为钱币收藏中独具魅力的珍品系列。有经济实力的，仍可关注高价的龙头品种，遇到全品相和好品相的票券，只要价格适宜，仍不失为好的投资品种。

500元"瞻德城"券的收藏

尽管1万元"骆驼队"券、5万元"新华门"券、5万元"收割机"券已十分珍稀,但按照第一套人民币中稀缺程度排位,它们还进不了前三名。第一套人民币按稀缺程度排位的前三名是蒙文版1万元"牧马图"券、5000元"蒙古包"券和维文版500元"瞻德城"券。

在2009年的嘉德在线第八十二期大众收藏拍卖会上,一版500元"瞻德城"纸币首次亮相,这次亮相使它在人民币收藏市场迅速走红。

据2018年4月媒体报道,《一版人民币500元"瞻德城"以108万港币拍出引发业界关注》。报道称,在香港举行的一场春拍会上,一张并不算新的一版人民币500元面额的"瞻德城"券,以108万港元价格成交,引发业界关注。

据报道称,第一套人民币500元"瞻德城"券为第一套人民币"十二珍品"之一,在第一套人民币中具有举足轻重的地位,一直被市场人士看好。500元"瞻德城"券是第一套人民币"绝品四珍"中币值最小的。

1951年版500元"瞻德城"纸币票面中部为瞻德城图,主色为黑色,背面主色为紫色,尺寸为134毫米×70毫米。纸张无水印,但在"三大珍"中,500元"瞻德城"的暗记较多,票面左边草丛中从左到右分别有"抗""美""援""朝"四个字,票面右下面额上花中有一

第一套人民币500元纸币"瞻德城"券

"中"字；背面中间少数民族文字中有"500"数字，少数民族文字右侧有一个"5"数字。

该券的七位号码中，首位数未见"4"以上数字，因此行家认为当时其发行量应该未超400万枚。根据2004年行内专业人士联合统计，有正确资料或实物证明存世的500元"瞻德城"票券只有64枚。如加上未公开面世的票券，则目前存世总量应难超百枚。

关于其收藏价值，我们不能否定，但是假冒伪劣产品在市场上也是层出不穷，因此如何鉴别仿品成了收藏前必不可少的一道程序。

第一套人民币500元"瞻德城"券发行时我国钱币印制技术还有很大不足，根本无法与今天的技术相比，所以，不管是钱币的用料还是印刷上都存在相当大的缺陷，更不用说会有防伪标志了。没有防伪标志的消极影响对于今天来说远远甚于当初的流通时期，缺少防伪标志就相当于无法判断第一套人民币500元"瞻德城"是否具有收藏价值了。

综合行家经验，鉴别500元"瞻德城"券的真伪，有几个比较适用的方法：

1.辨别颜色和尺寸

500元"瞻德城"券的正面是黑色的，背面则以紫色为主，尺寸大小严谨来说是134毫米×70毫米。这一款人民币没有任何防伪标识，如果发现钱币有水印的，毋庸置疑，肯定是赝品。

2.看暗记

在第一套人民币三大珍币中，500元"瞻德城"券最大特点是暗记多（其具体暗记见上述描述），辨别难度相对较小。如果人民币票面上从左往右印着"抗美援朝"字样的，才能把它列入可收藏的行列，一个时代的特征也是一个可鉴别的细节。

3.看数量

500元"瞻德城"券已经所存无几了，若是听到哪个商家手上有大量的存货，那就要提起精神谨防骗局了。500元"瞻德城"券是第一套人民币"三大珍"之一，地位仅次于1万元"牧马图"、5000元"蒙古包"券，市场价格2020年1月为每枚45万元左右。

1000元"马饮水"券的收藏

目前"史上最牛人民币"是1万元"牧马图",也是市场价格最高的人民币,一张1万元"牧马图"市场价高达150万～300万元,非一般收藏投资者可以问津。

除了这张最为昂贵的1万元"牧马图"票券,第一套人民币中,适合高端收藏的票券是1000元"马饮水"。

"马饮水"纸币是我国发行的第一套人民币,它的面值是1000元。1000元"马饮水"市场行情最高时曾达到24.5万元一张。

1000元"马饮水"的正面主色调为蓝绿色,主图案是牧马饮水图,藏界对其称呼由此而来。在上方印着"中国人民银行"字样及其面值。背面的主色调是茶绿色,由花符图案以及用维文拼写的行名几个部分组成。

第一套人民币1000元"马饮水"有如下特点:

(1)无水印。

(2)底纹由"中国人民银行"组成。

(3)此券正面图案借用晋察冀边区银行1946年版1000元票券正面图案,只是帐篷前的马车边上少画一匹马。

(4)暗记:背面中间维文面值左侧花卷中有"1000"的数字。

(5)背面印有维文行名和面值,在新疆地区发行,珍稀。

第一套人民币1000元纸币"马饮水"券正背面

（6）样票只见一种：正背面均印有红色空心楷体大字"票样"字样和红色七位票样编号。

第一套人民币"马饮水"具有一定收藏价值。1000元马饮水不断升值的过程，就是人民币收藏市场不断发展的过程，这个过程不仅仅只有这枚1000元"马饮水"人民币会升值，其他的第一套人民币也会跟随市场的高速发展而不断地提升收藏价值，特别是在第四套人民币的带动之下，几乎整个人民币收藏市场都走向了收藏高潮。藏界人士认为，人民币票券的价值提升是市场发展的必然结果，在未来的人民币收藏市场上面，它们的人气必然会更旺，收藏价值必然会更高。

中华人民共和国成立初期很多制度及各项工作的开展都是处于摸索阶段，很多都是不规范，不系统的，人民币的发行也是如此。人民币作为一个国家的法定货币就应该是属于全国范围使用的一种货币，但是在中华人民共和国成立初期的时候就是会有一些纸币是例外的。1000元"马饮水"券就是这么一枚纸币，它的发行时间是1951年，是在新疆地区发行的一枚纸币，它的使用范围也多是新疆地区，在我国很多地区甚至都没有见过这么一枚纸币，因为它的流通时间仅仅只是3年，在还没有流通到其他地区的时候就已经被国家回收了，所以很多地区的人都没有一睹其真容的机会。

虽然当年1000元"马饮水"券的发行很有地区局限性，而且流通时间也不长，但是也因为这样才有了今天它的珍稀。

正因为历史原因和市场的发展，现在这枚"马饮水"的价格高于同时期发行的人民币，自从20世纪90年代初期其价格就开始飙升，一发不可收拾，短短的二三十年时间从四位数涨到了六位数，这在钱币收藏市场中是非常难得一见的。

第一套
人民币收藏谨防赝品

第一套人民币共12种面值62种版别，部分版别发行时间短，流通数量非常少，加之停止使用时间已长达半个多世纪，其间又经历了多次政治运动、经济改革，因此留存下来的不多，能将之集全的藏家实属凤毛麟角。

如今市面上很多的第一套人民币大全套都是赝品，易使藏家上当受骗。

第一套人民币200元纸币真品

第一套人民币200元纸币 赝品

第一套人民币200元纸币背面 赝品

收藏第一套人民币最最关键的就是防伪。有一位在拍卖公司担任鉴定工作的专业人士说，见过太多拿着第一套"四大天王"或者"十二绝珍"来鉴定的，基本就没真的。

第一套人民币100元纸币真品

所以专家反复提醒，收藏第一套人民币，除了要注意品相，更要注意防伪，这是因为第一套人民币的品种多，印刷水平差别很大，防伪效果较差，很容易造假。一些在收藏市场见到的所谓"真品"，如果价格太便宜，就要小心了。

第一套人民币100元纸币 赝品

第一套人民币100元纸币背面 赝品

  由于第一套人民币防伪效果差，对于收藏投资者，最重要的是谨防买到赝品。对于初入门的收藏爱好者，宁愿买一些品相差、价格低的品种，也不要一开始就买完好品相的，因为完好品相的大多是赝品，而破破烂烂一看就有年代感的反而可靠一些。

第一套
人民币的鉴定

第一套人民币的收藏价值最高，其鉴别难度也是最大的。根据有经验的藏友的总结，可以从下面几个主要方面进行鉴别。

一、检验纸张及水印

第一套人民币的用纸之差，根本无法和现在流通的纸钞相比，但也有其特点，在放大镜下观察，第一套人民币纸张纹理特征明显，纸浆密度不高，表面比较粗糙；纸张生产有一定的地域性，比如东北地区发行的纸张偏黑黄色。

除此之外，有水印的一般为波纹水印，另有两种水印纸印刷得比较典型，一种是五星水印纸，另一种是菱形拼图水印纸。两种均为满版水印形式，五星水印的票券有1万元"双马耕地"、1000元"钱塘江大桥"等，菱形水印的票券有5000元"耕地和工厂"、100元"排云殿"等。

二、查看暗记

第一套人民币的绝大多数票券均有暗记，通过查看比对可进行鉴别。当然，阅读相关专业书籍是必不可少的了。

三、查看表面油墨的磨损程度

历经六七十年，票面油墨必然有一定程度的磨损，而近期做旧的仿制品，其整张票面的油墨磨损程度必然不够均匀。如下页表：

四、检查印章、字冠编码等

第一套人民币的票种非常繁多，印章的位置和编码数字字体的细微变化，直接影响着其真伪的鉴别及价格的高低。因此，通过字体的颜色、粗细，是否涂改、挖补等多处细节的把握综合检验真伪就显得非常必要了。

其中有一点要指出的是"老假票"的问题，就是新中国成立初期国民党特意制作的假票以扰乱新中国的金融秩序，这些老假票因为同样年代久远，具有很强的欺骗性。

网上币店第一套人民币价格表（2014年12月18日）

第一套人民币种类	面值	市场参考价格	类别	备注
1元"工农"	1元	3200元		
1元"工厂"	1元	3200元		
5元"帆船"	5元	3500元		
5元"绵羊"	5元	3800元		
5元"水牛图"	5元	9万元		
5元"织布"	5元	2400元		
10元"灌田和矿井"	10元	6500元		
10元"锯木和犁田"	10元	5500元		
10元"火车"	10元	6000元		
10元"工农"	10元	1800元		
20元"驴子和火车"	20元	1.6万元		
20元"推车"	20元	5500元		
20元"蓝色六和塔"	20元	7500元		
20元"棕色六和塔"	20元	1.5万元		
20元"立交桥"	20元	2800元		
20元"帆船和火车"	20元	2万元		
20元"打场图"	20元	1.6万元		
50元"水车和矿车"	50元	5.5万元（黑面）		

续表

第一套人民币类别	面值	市场参考价格	类别	备注
50元"火车和大桥"	50元	8万元（红面）		
50元"火车和大桥"	50元	2万元		
50元"铁路"	50元	1.9万元	六位数	
50元"铁路"	50元	5500元	七位数	
50元"工农"	50元	1.9万元	六位数	
50元"工农"	50元	6500元	七位数	
50元"压路机"	50元	1.5万元		
100元"耕地和工厂"	100元	9500元		
100元"工厂和火车"	100元	1.5万元	黑色工厂	
100元"万寿山"	100元	2万元		
100元"红工厂"	100元	1.9万元		
100元"蓝色北海桥"	100元	5500元		
100元"黄色北海桥"	100元	6500元	圆三版	
100元"黄色北海桥"	100元	1.8万元	宽距	
100元"黄色北海桥"	100元	12万元	平三版	
100元"红轮船"	100元	1.7万元	六位数	
100元"红轮船"	100元	2500元	八位数	
100元"驮运"	100元	2500元		

续表

第一套人民币类别	面值	市场参考价格	类别	备注
100元"帆船图"	100元	12万		
200元"颐和园"	200元	8500元		
200元"排云殿"	200元	8000元		
200元"排云殿"	200元	13万元	平三版	
200元"长城"	200元	4000元		
200元"炼钢"	200元	3500元		
200元"割稻"	200元	1.8万元		
500元"农民小桥"	500元	1万元		
500元"正阳门"	500元	2万元		
500元"起重机"	500元	4800元		
500元"收割机"	500元	3500元		
500元"种地"	500元	2万元		
500元"瞻德城"	500元	70万元		
1000元"双马耕地"	1000元	3万元	六位数	
1000元"双马耕地"	1000元	4.2万元	七位数	
1000元"双马耕地"	1000元	15万元	平三版	
1000元"秋收"	1000元	7000元		
1000元"三拖"	1000元	1.5万元		

续表

第一套人民币类别	面值	市场参考价格	类别	备注
1000元"运煤和耕地"	1000元	9000元		
1000元"钱塘江大桥"	1000元	4000元		
1000元"马饮水"	1000元	30万元		
5000元"耕地机"	5000元	1.6万元		
5000元"耕地和工厂"	5000元	1.4万元		
5000元"蒙古包"	5000元	80万元		
5000元"绵羊"	5000元	25万元		
5000元"渭河桥"	5000元	2.2万元		
1万元"军舰"	1万元	6500元		
1万元"双马耕地"	1万元	7000元		
1万元"牧马图"	1万元	140万元		
1万元"骆驼队"	1万元	60万元		
5万元"新华门"	5万元	10万元		
5万元"收割机"	5万元	28万元		
第一套大全套		480万元		

金投外汇网第一套人民币最新价格表（2019年12月18日）

第一套人民币类别	面值	市场参考价格	备注
1元"工农"	1元	500—800—2000元	五品—八品—全品
1元"工厂"	1元	350—650—1800元	五品—八品—全品
5元"帆船"	5元	300—600—1500元	五品—八品—全品
5元"绵羊"	5元	400—700—1800元	五品—八品—全品
5元"水牛图"	5元	5000—10000—20000元	五品—八品—全品
5元"织布"	10元	300—600—1500元	五品—八品—全品
10元"灌田和矿井"	10元	350—650—1800元	五品—八品—全品
10元"锯木和犁田"	10元	400—700—1800元	五品—八品—全品
10元"火车"	10元	400—700—1800元	五品—八品—全品
10元"工农"	10元	300—600—1500元	五品—八品—全品
20元"驴子和火车"	20元	1000—2000—5000元	五品—八品—全品
20元"推车"	20元	700—1200—3000元	五品—八品—全品

续表

第一套人民币类别	面值	市场参考价格	备注
20元"蓝色六和塔"	20元	500—800—1800元	五品—八品—全品
20元"棕色六和塔"	20元	600—900—2100元	五品—八品—全品
20元"立交桥"	20元	500—800—1600元	五品—八品—全品
20元"帆船和火车"	20元	1000—6000—12000元	五品—八品—全品
20元"打场图"	20元	700—1200—4000元	五品—八品—全品
50元"驴子和矿车"	50元	2000—8000—15000元	（黑面）
50元"火车和大桥"	50元	2000—8000—15000元	（红面）
50元"火车和大桥"	50元	2000—8000—15000元	（蓝面）
50元"铁路"	50元	1000—1500—5000元	六位数
50元"铁路"	50元	800—1200—3000元	七位数
50元"工农"	50元	1000—1500—5000元	六位数
50元"工农"	50元	800—1200—3000元	七位数

续表

第一套人民币类别	面值	市场参考价格	备注
50元"压路机"	50元	1000—3000—8000元	五品—八品—全品
100元"耕地和工厂"	100元	600—900—2100元	五品—八品—全品
100元"工厂和火车"	100元	800—1200—3000元	黑色工厂
100元"万寿山"	100元	700—2000—6000元	五品—八品—全品
100元"红工厂"	100元	1300—2500—7000元	五品—八品—全品
100元"蓝色北海桥"	100元	800—1500—3000元	五品—八品—全品
100元"黄色北海桥"	100元	800—1500—3000元	圆三版
100元"黄色北海桥"	100元	900—2000—80000元	宽距
100元"黄色北海桥"	100元	2000—5000—10000元	平三版
100元"红轮船"	100元	1000—1600—3000元	六位数
100元"红轮船"	100元	400—600—1600元	八位数
100元"驮运"	100元	400—600—1600元	五品—八品—全品

续表

第一套人民币类别	面值	市场参考价格	备注
100元"帆船"	100元	1万—2万—5万元	五品—八品—全品
200元"颐和园"	200元	700—1200—3000元	五品—八品—全品
200元"排云殿"	200元	500—1000—2500元	五品—八品—全品
200元"排云殿"	200元	2000—6000—20000元	平三版
200元"长城"	200元	1300—4000元	八品—全品
200元"炼钢"	200元	600—1000—2000元	五品—八品—全品
200元"割稻"	200元	1500—3000—8000元	五品—八品—全品
500元"农民和小桥"	500元	1000—1500—4000元	五品—八品—全品
500元"正阳门"	500元	2000—4000—10000元	五品—八品—全品
500元"起重机"	500元	800—1500—3500元	五品—八品—全品
500元"收割机"	500元	800—1500—3000元	五品—八品—全品
500元"种地"	500元	1000—3000—8000元	五品—八品—全品

续表

第一套人民币类别	面值	市场参考价格	备注
500元"瞻德城"	500元	15万—25万—45万元	五品—八品—全品
1000元"双马耕地"	1000元	3000—7000—10000元	六位数
1000元"双马耕地"	1000元	3000—7000—10000元	七位数
1000元"双马耕地"	1000元	5000—8000—12000元	平三版
1000元"秋收"	1000元	600—1000—2000元	五品—八品—全品
1000元"三拖"	1000元	1000—2000—4000元	五品—八品—全品
1000元"运煤和耕地"	1000元	800—1500—3000元	五品—八品—全品
1000元"钱塘江大桥"	1000元	500—1200—2000元	五品—八品—全品
1000元"马饮水"	1000元	2万—5万—10万元	五品—八品—全品
5000元"拖拉机"	5000元	1500—2000—3000元	五品—八品—全品
5000元"耕地和工厂"	5000元	1500—2000—3000元	五品—八品—全品
5000元"蒙古包"	5000元	8万—25万—40万元	五品—八品—全品
5000元"绵羊"	5000元	1万—3万—8万元	五品—八品—全品
5000元"渭河桥"	5000元	2000—4000—7000元	五品—八品—全品

续表

第一套人民币类别	面值	市场参考价格	备注
1万元"军舰"	1万元	800—1600—4000元	五品—八品—全品
1万元"双马耕地"	1万元	800—1600—4000元	五品—八品—全品
1万元"牧马图"	1万元	20万—50万—150万元	五品—八品—全品
1万元"骆驼队"	1万元	2万—8万—10万元	五品—八品—全品
5万元"新华门"	5万元	8000—15000—20000元	五品—八品—全品
5万元"收割机"	5万元	1万—3万—7万元	五品—八品—全品
第一版大全套	—	150万—300万—500万元	

以上两种报价分别取自两个不同时间、不同机构的报价，有些品种的价格相差一倍，这一方面反映了第一套人民币这些年的涨跌情况，另一方面也说明了不同机构所报价格也有较大差异。

网上币店还有很多有关第一套人民币的价格表和报价，每种报价都不相同，甚至相去甚远，这表现出了第一套人民币的稀缺性，以至难以形成统一的市场价，同时也表现出了有些票券其实是有价无市的，即使拿着钱到市场上也买不到。所以，这些标价很多只能仅供参考。

第五章

第二套人民币的相关知识

第二套人民币的发行

第二套人民币是1955年3月1日开始发行的，当天发行了1分、2分、5分、1角、2角、5角、1元、2元、3元、5元券共10种，1957年12月1日又发行了10元券1种。

纸分币开始发行时，均加盖罗马冠字和号码，俗称有号码纸分币，也称53版纸分币，后一度停止生产发行。为便于流通，国务院发布发行金属分币的命令，自1957年12月1日起发行1分、2分、5分三种金属分币（简称硬分币），与纸分币等值，混合流通。20世纪80年代初，由于商品经济迅速发展，市场活跃，硬分币供应紧张，中国人民银行便恢复了纸分币的生产和发行，但这次投放市场的纸分币只有冠字，无加盖号码，俗称无号码纸分币。

第二套人民币发行过程中，1元券和5元券有过重要的改版，即对1元券和5元券的图案、花纹进行了调整和更换颜色。1955年7月，即在第二套人民币刚刚发行4个月后，发现红色1元券出现了严重变色褪色现象，相关部门迅速组织人员进行调查，经过技术鉴定确认，纸币变色褪色的主要原因是油墨的连接料性能差。

第五章　第二套人民币的相关知识

第二套人民币1分纸币

第二套人民币2分纸币

130

第二套人民币5分纸币

为了解决这一问题，1961年3月25日和1962年4月20日分别发行了蓝黑色1元券和棕色5元券（海鸥水印版和五角星水印版两种），使第二套人民币的版别由开始公布的11种增加到13种。

第二套人民币大部分都是1953年印刷，1955年开始发行。由于当时国内印钞技术和能力不够，又缺少高质量的专用印钞纸，所以面额为3元、5元、10元的人民币均由国内设计而委托苏联代为印刷，故称之为苏印"三种票"。

1964年4月14日中国人民银行发布了《关于收回三种人民币票券的通告》，决定从1964年4月15日开始限期收回苏联代印的1953年版的3元、5元和10元券，1964年5月15日停止收兑和流通使用。其余角、元币于1999年1月1日停止流通，三种纸分币于2007年4月1日停止流通。

每套人民币只要是经历了退市阶段，存世量就会发生很大的变化。第二套人民币是在中华人民共和国成立之后，全国人民着手进行经济恢复和建设，财政经济状况逐渐好转，金融物价已趋于稳定的情况下，为了适应国内外经济形势的发展而于1955年3月1日开始发行印制的，这一特殊历史使第二套人民币的收藏价值屡创新高。

为什么要发行第二套人民币

中华人民共和国成立后，中央政府采取一系列措施，统一全国财经工作，并在短时期内实现金融物价的基本稳定。当时已经消除了战争给国民经济带来的影响，工农业生产迅速恢复和发展，商品经济日益活跃，市场物价稳定，商品库存、黄金储备逐年增加，国家财政收支基本实现了平衡。

但是，中华人民共和国成立前连续多年的通货膨胀造成的影响没有完全被消除，加上第一套人民币的面额较大（最大为5万元），而且单位价值较低，在流通计算时以万元为单位，不利于商品流通和经济发展，给人民群众的生活带来很大不便。

同时，受当时的物质条件和技术的限制，第一套人民币的纸张质量较差，券别种类繁多（62种），文字说明单一，流通过程中票面破损严重。为了改变第一套人民币的设计不足和提高印制质量，进一步健全和巩固我国的货币制度，国务院于1955年2月21日发布《关于发行新的人民币和收回现行的人民币的命令》。

第二套人民币最大的特点就是采用了小面额设计。它的1元等于第一套人民币的1万元。因此，发行第二套人民币是历史的必然，是市场的需求。

第二套人民币的设计

第二套人民币的设计是从1950年开始的。对发行第二套人民币，并进行货币改革的设想，早在新中国成立初期就提到了中国人民银行领导人的议事日程。其改革初步方案经中央财政经济委员会陈云、薄一波等领导批准后，中国人民银行印制管理局立即组织专家进行设计。

第二套人民币的设计是由中央美术学院和中央工艺美术学院的专家罗工柳、周令钊、王式廓与印制企业专业技术人员张作栋、王益久、沈乃镕、武志章、刘玉山、高增基等共同完成的。

1951年2月正式开始第二套人民币的草图设计，1952年2月20日政务院（1954年改称国务院）审定1分、2分、5分、1角、2角、5角6种辅币和1元券的设计稿，1952年3月4日审定2元、3元、5元券的设计稿，1954年12月30日批准修改后的10元工农联盟券设计稿。

第二套人民币的设计、印制和发行工作，得到了周恩来、邓小平、陈云、李先念等中央领导人极大的重视和关怀，在设计时周总理亲自审核了每一个票版的画稿，并提出了许多重要修改意见。如5元券的主景图案"民族大团结"，周总理指出："民族大团结的主景可用，但根据毛主席的意见，不要把他的像画上。"后换为两幅语录牌，周恩来定为

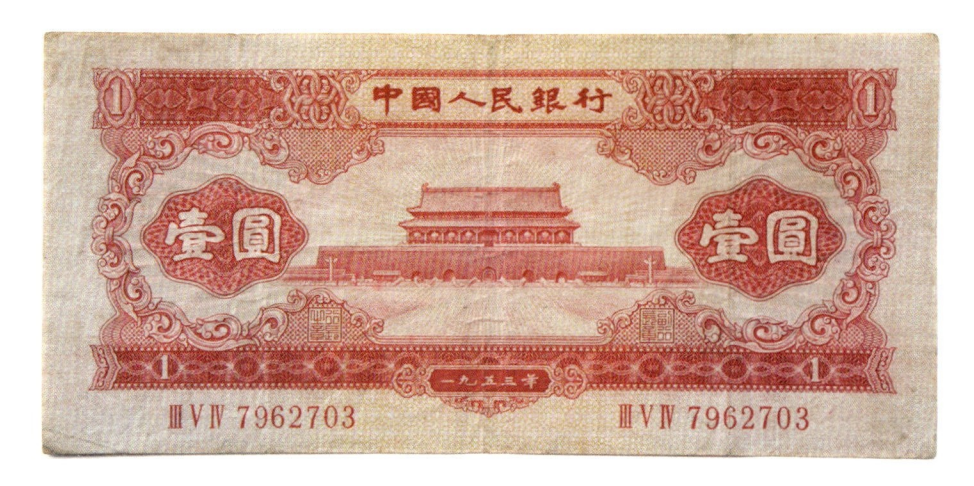

第二套人民币红1元纸币

"中华人民共和国万岁"和"中国各民族大团结万岁"。

中央领导人的关怀和重视，使第二套人民币设计主题思想明确，印刷工艺技术先进，主辅币结构合理，图案颜色新颖，为很好地完成这套人民币的设计与印刷任务打下了坚实的基础。

第二套人民币设计的时候，设计师们花费了很大的心思。第二套人民币主题鲜明，内容呼应，特别有民族色彩，并且进一步打破了边框的设计，除了最初设计的枣红色1角券继续保留边框外，其他纸币全部取消了边框的设计，色彩也变得更加丰富，还缩小了票幅。

跟第一套较呆板的人民币相比，这版新人民币形象更为活跃，并且带有十分鲜明的风格。其背面的少数民族的文字一共有3种，分别是蒙古文、维吾尔文、藏文。

1955年，包括3元面值在内的11种新版人民币发行，规定1万元旧币兑换1元新币。对于新币的设计，群众有两个意见：一是为什么不在钞票上印毛主席像，二是为什么钞票上不用庆祝节日时的天安门。

李先念为此致信周恩来，表示若毛主席不赞成在钞票上印他的像，就没办法满足群众的要求；而天安门景观多变，也还是用平日的天安门较好。周恩来对这个意见批示"同意"。第二套人民币设计遂成定案。

据有关资料，第二套人民币原先计划设计印制5元、10元、50元以及100元，但是后来又改成3元、5元和10元小面额的钞票，这主要是因为考虑到防伪的问题。政府当时对于人民币造假相当的重视，为了降低伪钞的风险，决定使用小面额的人民币。这样我们就看到了3元、5元和10元面值的人民币。

在第二套人民币中，最具有收藏价值的就是3元面值的人民币，它的设计风格都是以淡绿色作为底色的，并且纸币的面积跟之前的相比偏大。

第二套人民币的雕刻印刷

参与第二套人民币的人物、风景、装饰、花纹雕刻的人员有吴彭越、林文艺、刘国栋、李曼增、赵亚云等，其中代表性作品是2元券正面的"延安宝塔山图"和5元券的"民族团结群像"，它们均出自吴彭越之手。

为提高防假水平，第二套人民币在印制工艺上有了很大提高，分券全部采用胶版印刷，角券由胶版和单面凹版印刷，元券则为胶版和双面凹版印刷。

也就是说，第二套人民币在印制工艺上除了分币外，其他券别全部采用胶凹套印，其中角币为正面单凹印刷，1元、2元、3元和5元券为正反面双凹印刷。10元券除采用双凹印制外，还采用了当时比较先进的接线技术。

第二套人民币的凹版印刷采用了我国传统的手工雕刻方法，具有独特的民族风格，其优点是版纹深、墨层厚，有较好的反假防伪功能。因此，第二套人民币大全套发行后立即得到了人民群众的欢迎，称赞这套人民币好看、好认、好算、好使。

此外，后来"黄5元"的设计和雕刻印刷是原有"代印5元"的延续，但是"黄5元"的故事更加精彩。

　　吴彭越作为当时的雕刻大师，在接到任务时就被告知一定要在24天内完成设计。当时中国和苏联出现了矛盾，如何在规定时间内完成纸张的选材和设计是一个比较严峻的问题，所以最后就只能够使用中国生产的纸张来印刷。"黄5元"就成为我国第一批自主研制的钞票。

　　实践证明，第二套人民币成为我国第一套雕刻和印刷都完整精致的货币，对健全我国货币制度，促进社会主义经济建设发挥了重要作用。

第二套人民币的两次改版

在第二套人民币发行过程中，发生过两次重要的改版：

一、1953年版红色1元券的改版

1955年7月，即在第二套人民币刚刚发行4个月以后，就发现了红色1元券出现严重的变色褪色现象。此事立刻引起了中国人民银行总行的注意，马上收集、分析了各地报送的材料，并写报告上报中央和国务院。

周总理十分重视这一事件，对这个报告进行了细致研究，之后作出批示，并转送毛泽东、刘少奇、邓小平、彭真等中央领导传阅。周总理在批示中一方面要求银行邀请科学院的专家对红色1元券的物化性能进行技术上的分析鉴定，另一方面又指示公安部门尽快分析调查有无坏分子的破坏，并研究对付不法分子伪造破坏的对策。

后来，经过技术鉴定确认，红色1元券变色褪色的主要原因是油墨的连接料性能差，影响颜料在纸张上的附着力，尤其不利于在松、柏、杉等木箱中存放。事实也证实了这一点，因为发现红色1元券变色褪色较严重的多在江南地区，那里的群众由于喜爱新币，多愿将钞票放入松、柏、杉等木箱中，再加之南方潮湿气候的影响，便发生了变色褪色的问题。

技术鉴定还证实，在各种颜色的钞票中，红色的可变性最大，而黑色则较为稳定。为了维护人民币的信誉，中国人民银行遵照周总理的指示，一方面要求所属印钞厂改进油墨的连接料，改变油墨配方，另一方面向中央提出重新设计、印制另一种仍以天安门为主景的蓝黑色1元券，以代替变色褪色的红色1元券的建议报告。

在此期间，李先念同志根据银行的报告写信给周总理，提议新版1元券用平日的天安门景象，即去掉8个宫灯，加上"中华人民共和国万岁""中国各民族大团结万岁"两条标语。周总理经过认真研究后批示："同意！"同时还通过他的秘书再次转达了毛主席不同意在钞票上放他的画像的意见。

至于改版后的1元券用什么颜色的问题，中国人民银行领导人和有关设计人员颇费了一番心思。因为我国人民有尚红的习惯，喜欢大红大绿，用红色群众易于接受，而用黑色则于钞票防假有利。因此，相关人员就提出了红、黑两个方案，陈述各自的优缺点上报李先念和陈云同志，然后转呈周总理。

陈云同志批示："我认为黑色较好，主要理由是油墨耐磨。"

周总理看了陈云批示后批示："同意采用黑色。"

1956年版蓝黑色1元券就这样确定下来了。

二、1953年版酱紫色5元券的改版

5元券的改版主要是从自力更生的原则出发，规划我国印钞事业而

出现的一个问题。我们委托苏联代印3种大面额票券的时候就已经考虑到，像我们这样一个人口众多、幅员辽阔的大国，所需钞票的数量极大，委托外国印制，终非长久之计，必须把立足点放在自力更生基础之上，必须积极创造条件，在尽早的时间内使钞票完全自印。

为此，在1956年设计制作了一块5元券的备用版，以备不时之需。备用版的主题图景仍为民族大团结，但在花边、花符、装饰、底纹等各个方面，均有较大的变化。

1960年，在自力更生方针的指引下，经我国造纸工人们的艰苦奋斗，一种由我国自制圆网造纸机试钞的空心星满版水印纸在河北保定造纸厂诞生了。为适应当时政治经济形势的需要，这一块备用版便派上了用场，于当年8月开印了1956年版5元券，颜色由原来的酱紫色改成棕色，并于1962年4月20日发行。

这是我国印制钞票首次使用国产水印钞票纸，标志着我国印钞事业走上完全自力更生道路的第一步，在我国印钞史上具有重要的意义。这样，第二套人民币加上上述两种改版券，一共有13个票种。

第二套人民币停止流通

1998年5月31日，经国务院批准，中国人民银行发布公告，决定从1999年1月1日开始，停止第二套人民币在市场上流通（纸、硬分币除外）。

据公告称，停止流通的第二套人民币纸币的具体券别如下：

（1）1953年版正面图案为拖拉机的棕色1角券；

（2）1953年版正面图案为火车的黑绿色2角券；

（3）1953年版正面图案为水电站的紫色5角券；

（4）1953年版正面图案为天安门的红色1元券；

（5）1953年版正面图案为延安宝塔山的深蓝色2元券；

（6）1956年版正面图案为天安门的蓝黑色1元券；

（7）1956年版正面图案为各民族大团结的深棕色5元券。

第二套人民币纸币共有13个品种，已经停止流通。第二套人民币纸币的最终全部停止流通，为第二套人民币的收藏价格上扬提供了空间。

在中国人民银行发布第二套人民币停止流通的公告后，第二套人民币有过一个涨升高峰，此后逐步回调走势，然而，存世量少的1953年发行的3枚高面值币，则呈上涨走势。到2010年初，第二套人民币

5-0 第二套人民币2元纸币

持续大涨。

这给我们两个启示：

一是每当公布利好之日，就有一个冲高走势，由于冲得急，都可能有一个见顶回落的阶段，然后经过整理，再稳步攀升。邮币卡市场都有这个规律。这也应了股市"利好出尽是利空"的格言。

二是存世量少的价高佳品，不受大势涨跌的影响，基本呈稳健向上的走势，即使在大盘下跌的情况下，它也不为所动。所以，存世量少的藏品基本没有风险，收藏投资不要怕价高。然而，对价高藏品的收藏投资价值的判断又不能笼统地一概论之。根据笔者的经验，对于那些新发行的有一定发行量的藏品，如果价高，还是不碰为妙，因为这个高价，都是庄家所为。庄家炒作它的目的是什么？就是为了寻机出货，如果看到它天天涨，看不到其风险，你投入之日，往往就是在高位被套之时。

再细细分析以上价位，当时除了1953年版的3元、5元、10元券，第二套人民币价格都不高，最高的也不过数百元到一千多元，比起第一版同面值的人民币动辄上万元、几万元来看，价格差几十倍到几百倍。停止流通之日，有些不知道收藏投资的持有者到银行兑换了一些，这就减少了其存世量，无疑是对这一板块人民币投资的巨大利好，因为以后市面上在流通领域就看不见了。

同时，停止流通意味着这些人民币成为公开的可以在市场合理合法交易的投资品种，而不再仅仅是收藏品种。因为国家规定尚在流通的人民币买卖为非法，过去的市场价都是非法的，买卖也是非法的，停止流通后，币商和收藏投资者则可以大胆公开交易。合法化为这一板块的价格上扬开拓了空间。

第二套人民币的特点

第二套人民币在票版图案设计、颜色和油墨配置、票幅和钞纸的采用以及文字书写规则、年号的运用等方面，都有一些明显的特点，表现如下。

一、全套设计思想完整统一，民族风格突出

这套人民币的设计思想强调设计主题的政治性和艺术性的统一，其主题设计按券别分为三个层次：

一是六种辅币采用现代交通运输、机械、发电等主题画面，反映社会主义建设成就。

二是1元、2元、3元券分别采用北京天安门、延安宝塔山、井冈山龙源口等中国革命圣地为主题，反映了中国革命的三个里程碑。

三是5元、10元券以我国社会主义政治体制为题材，反映各民族大团结和工农联盟这个主题，体现了新中国的立国之本。

上述三个层次的主题内容充分反映了时代的发展、我国社会主义制度的优越性、经济发展的新特点，以及我国民族文化的优秀传统。全套

票券形成了统一的整体，正面上下花边对称，边框改变了旧时钞票四边框的呆板形式，背面以国徽和汉、蒙、维、藏四种民族文字的行名和面值为主题，左右花符对称，活泼大方，别具一格。

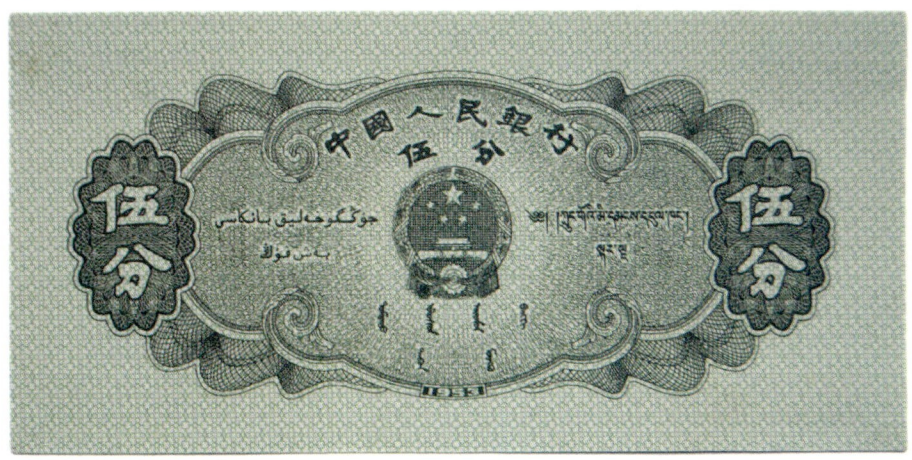

第二套人民币5分纸币正背面

二、颜色和油墨配置得当

第二套人民币主色调分档配色，冷暖协调和谐，合理地使用了红、蓝、绿、墨、茶、棕、紫7种颜色，使票种之间有明显的区别，易于群众识别，方便流通使用，且充分考虑了油墨的耐酸、耐碱、耐晒、耐磨等物化性能。

三、票幅尺寸采取了分档次的长宽递增式

辅币与主币分档，券别与券别递增，使每一种票券尺幅的长宽都有比例地逐步递增，达到好看、好数、好用的目的。

四、纸张选用精良

13种票券除分币券采用芬兰道林纸和旧存美钞纸外，其他票券均采用当时中苏友好背景下由苏联供应的专用钞纸和我国新研制的钞纸，纸质优良、挺括、耐磨，且均有满版水印或固定水印，其中1角、2角、5角和1元券为空心五角星满版水印纸，2元、3元、5元券为实心五角星花纹混合满版水印纸，10元券为我国国徽图案固定水印纸，大大提高了防伪性能。

五、文字书写统一

第二套人民币上的汉字行名、面额以及年号，均由当时中国人民银行总行金融研究员马文蔚先生书写，字体为"张黑女碑"体；蒙、维、藏三种少数民族文字也由各少数民族书法高手书写，并经民族事务委员会主任审核、签字。四种文字集中于一个票面上，不仅体现了我国各民族人民之间的大团结，而且美观大方，为书法艺术中之珍品。

第二套人民币彻底扫除了我国多年来通货膨胀的痕迹，彻底结束了我国货币制度紊乱的历史，使我国的货币制度从第一套的初步统一发展到巩固、稳定和健全完善的货币制度，在社会主义建设中发挥了重要作用。

"苏三币"的由来

由于新中国成立后国内印钞生产能力不足，又缺乏高档专用印钞纸，因此面额3元、5元、10元的人民币由国内设计绘样，委托苏联代印，民间俗称"苏三币"。这是我国第一次也是唯一一次由外国代印的人民币。

中华人民共和国成立之初，中国政府曾请苏联帮助印制第二套人民币中三种面额最大的纸钞。为什么要把如此重要的事情去请苏联代印呢？这还得从第一套人民币说起。

1948年12月1日中国人民银行成立并发行了第一套人民币，受当时的历史环境和条件限制，采取了多地区分散设计、制版、印刷和分地区就近发行的办法，因此缺陷较多。如内容繁杂，主题思想不突出、不明确。钞票种类多，面额种类差别大，最小1元，最大5万元，单位价值较低；纸张质量较差，文字说明单一，使用过程中票面破损严重；还有印刷技术各异，印制材质参差不齐，防伪性能差等。

1952年4月初，为了健全货币制度，我国政府作出了改革币制的决定，发行新人民币的准备工作紧锣密鼓开展。但受当时物质和技术条件的限制，加上帝国主义的经济封锁，我国的印钞造币工业只能求助于苏联和东欧一些国家。

那时我国印钞纸全部从苏联进口，纸面的防伪水印图案也是从苏联做好后运回国内，油墨颜料则从香港购进。限于当时我国的印制条件和能力，3元、5元、10元这三种大面额票券不得不委托苏联代印。这期间经历了曲折的过程，大体上经历了七个阶段：

第一阶段是1952年3月经周总理批准，以中国人民银行印制管理局副局长贺晓初为组长的四人印制小组赴苏，洽谈代印人民币事宜。1952年4月6日，中国人民银行行长南汉宸亲赴莫斯科，与苏联方面商谈代印人民币事宜，并达成了意向。

第二阶段是中国人民银行印制管理局副局长贺晓初和陈邦达等人留在莫斯科，与苏方接洽后续具体技术问题。1953年2月，中苏双方就钞票印样、数量、交货时间等事项签订了合同。同时，时任驻苏大使张闻天向苏联财政部长兹维列夫提出：由于我国东南边疆台湾的蒋匪及美帝常以伪钞输入捣乱，因而防假要求更为重要，要求将使用于卢布上的技术用于我国新币上，强调要与卢布的5元、10元券上的花纹那样好。

第三阶段是1953年8月17日，与苏方签订了代印3元、5元券合同，总计15亿张，55亿元。

第四阶段是经过历时一年半的反复商谈，1954年9月30日，由中国驻苏大使张闻天商得苏方同意代印10元券。

第五阶段是经过近两年的试验、洽谈，于1956年6月14日与苏方签订了代印10元券的补充协定，总计2亿张，20亿元。

第六阶段是1961年3月24日经驻苏大使馆与苏方会谈，洽商续印10元券问题。8月16日与苏方签订了续印合同，总计3亿张，30亿元。

第七阶段是1962年7月至1964年5月15日，由于中苏关系恶化，为防止人民币信誉遭意外破坏，提前收回苏联代印的三种票券，并向苏方

第二套人民币5元纸币正背面

索回代印资料。

第二套人民币的印制，小面值钞票由苏联提供设备和带有防伪水印的印钞纸，油墨材料从香港购买，在国内印刷。大面值的3元、5元和10元钞票则先在苏联印好，再运回国内。苏联前后共代印10元钞票5亿张，5元钞票5亿张，3元钞票10亿张。

中国知此非长久之策，故在1956年设计了一种5元钞票的备用版，以防万一。果然，不久后中苏关系恶化，中国要求苏联交还代印人民币的钢版。苏联借口"保存资料"，予以拒绝。中苏交恶，苏联利用钢版印制真"伪钞"，在与苏联接壤的我国新疆、东北一些地方，出现大量人民币"假钞"。为防止苏联继续印制"真版伪钞"，中国及时停用第二套人民币，1964年4月14日，中国人民银行宣布回收3元、5元、10元三种人民币，规定从4月15日起苏印三种票停止在市场流通，至5月14日止为收兑期，要求持有者到银行把这三种钞票兑换成其他面额的钞票，限期一个月，过期作废。当时国人收入还很低，看到布告后，大多立即去银行进行了兑换，仅有少数钞票流散在社会上，如今成为人民币收藏爱好者的收藏品了。中国从1964年开始回收3元、5元和10元的钞票，并筹备发行第三套人民币。

没有了苏联提供的印钞纸，市面上小额钞票也出现短缺。为应对这种紧急情况，中国人民银行加快研发速度，终于自制出"空心五角星满版水印纸"，第一次拥有了自制钞票的能力。1962年，备用版5元券印制发行。

收回苏印三种票后，市场上大票缺乏，不利于人民生活和经济发展。为此，中国人民银行发行了深棕色5元券，其主景图案与苏印5元券相同，颜色由原来的酱紫色改成棕色。此版是我国自己的雕刻师刻制的，在花边、花符、装饰、底纹等各个方面增强了防假技术，成功运用了黑白多线圈和多线接线技术，印钞纸首次采用了国产满版水印纸。

由于当时不具备生产10元券的条件，因此，该深棕色5元券是第二套人民币中我国自己设计、雕刻、印刷的并是当时一段时期内市场上流通的最大面额货币，在当时发挥了极大的作用，是我国印钞事业从部分依靠外援过渡到本国完全独立印制的标志。

第六章

第二套人民币的收藏

3元井冈山币的收藏

我国曾经发行过3元人民币，不过由于流通时间短，回收比较彻底，所以很多人并不知道。

第二套3元人民币发行于1955年3月1日，3元人民币选择的正面图案是井冈山，颜色为深绿色，因此它的全名叫作第二套人民币53年3元井冈山，也被称为"绿3元"。

正是出于这个原因，已设计好的100元、50元钞票都未问世，仅增设10元为最大面值。

目前市场上看到的那种品相差经过修补的3元人民币，价格已经达到几千元。根据2017年4月8日市场价值显示，绿3元的销售价格为单张6800～7800元。2020年，如果品相完好，一张高达1.6万元，一张纸币的品相好坏决定了它的经济价值。品相好的价格越高，收藏增值空间就越大。

3元人民币颜色为绿色，长160毫米，宽72毫米，比现在流通的1元人民币稍微大一些，正面的两端各有繁体"三元"字样，下面标着"一九五三年"，正上方为"中国人民银行"六字，中间是永新县龙源口大捷桥图景，石桥周围的花边为深绿色，中间的底纹为黄色，纸币的背面图案是花纹和国徽，中间有汉、维、蒙、藏四种文字的"中国人民银行三元"字样。

第六章　第二套人民币的收藏

第二套人民币绿3元纸币正背面

藏友们相信，第二套3元人民币收藏价值很高，未来的升值空间很大，随着时间推移，价格会突破新高。因为第二套人民币的3元是中华人民共和国成立至今唯一的一张3元面额的纸币，而且和大黑十、红5元并称为"苏三珍"，可见其珍贵。

从收藏的四个角度来看，3元人民币既属于藏头，也属于藏尾，还属于藏绝，四个收藏要素占了三个。然后从升值空间来说，钱途一片光明，市场价单张曾达到4万元左右。

第二套人民币3元券收藏要谨防赝品。通常赝品模糊，线条不清晰，较易识别。

"水坝"5角币的收藏

"水坝"5角属于第二套人民币，是一张特殊的5角纸币。可能在大家的印象中，第二套人民币都是价格高昂的贵族币种，其实并不然，第二套人民币中也有很多平民币种，比如"水坝"5角币。

"水坝"5角币的正面主图案是东北吉林省的丰满水电站，"水坝"5角币的名字也是因为这个水电站而得名的。这个水电站是我国最早建设的大型水电站之一，它在当时担任着非常重要的供电任务，因此有"中国水电之母"的美誉。

这张5角纸币上所描绘的图案，正是水电站开闸泄洪的时候，气势磅礴的河水浩浩荡荡地从高处流下，这种场景总能振奋当时人们的建设热情。这张纸币的背面图案是国徽，后面印有"中国人民银行"的字样以及面值，上面还有汉、蒙、藏、维四种少数民族的文字。纸币的主体颜色为紫色，跟现在我们使用的第四套人民币中的5角纸币主色调一样。

"水坝"5角币按颜色的深浅分为"深水坝"和"浅水坝"两种，当然它们的区分也并不是按照颜色的深浅来区分那么简单。两种不同版别最重要的区分是印钞纸的水印。"深水坝"采用的是无水印的印钞纸，而浅水坝则是采用满版空心五角星水印印钞纸。

为什么要用两种不同的印钞纸呢？"水坝"5角币的印刷工作在当

第二套人民币"水坝"5角纸币正背面

时分别交由上海印刷厂和北京印刷厂，它发行于1953年，到1973年退出流通。刚开始印刷的时候，为了防伪的需要，印钞纸都是从苏联进口，但后来由于中苏关系的恶化、原料上涨以及第三套5角纸币即将发行等因素，便改用了国产的印钞纸。

在今天的收藏市场上，"深色水坝无水印的"收藏价格却要比"浅水坝有水印"的要高一些。如果两者都是绝品的话，深水坝整刀的市场价格一般在250元，最高曾达到360元左右，而浅水坝整刀的价格则在200元，最高曾达到290元左右。

造成这种差异的原因是纸币的存世量。"有水印的浅水坝"从1953年开始发行，一直到1971年，而"无水印深水坝"则是最后的几批才开始印刷，所以浅水坝和深水坝的存世量有巨大的差异。

"水坝"5角币的价格与"苏三币"相比，还不及它们的零头，属于比较平民的一个品种。其见证了那个热火朝天搞建设的特殊年代，非常具有历史意义和价值。

"水坝"5角币虽然不贵，但总有黑心商人造假图利，而且因为第二套人民币的防伪技术并不成熟，所以很多造假分子造假获利，因此藏友对拿不准的纸币千万别乱买入。

黄5元与海鸥5元的鉴别

空心五角星水印5元称为黄5元,实心五角星花纹混合水印5元称为"海鸥5元"。根据存世量的不同,一般同等品相的情况下,"海鸥5元"比"黄5元"价格要高。

"黄5元"与"海鸥5元"的鉴别和鉴定可把握如下要点。

"黄5元"票正面中间图画(中间人群)高(从上下相距最短的方位核算)相距约3.65厘米,长(从摆布相距最短的方位核算)相距约7厘米。

两司理章长(从摆布相距最短的方位核算)相距约7.1厘米,反面斑纹(花符)摆布相距长(从摆布两头相距最长的方位核算)约9.4厘米,上下相距(从上下两头相距最长的方位核算)高约3.25厘米;票正面上下两头内向两条空白线高相距约4.1厘米,外向两条空白线相距约5.3厘米。

"海鸥5元"票正面中间图画(中间人群)高(从上下相距最短的方位核算)相距约3.8厘米,长(从摆布相距最短的方位核算)相距约7.1厘米,两司理章长(从摆布相距最短的方位核算)相距约7.2厘米,反面斑纹(花符)摆布相距长(从摆布两头相距最长的方位核算)

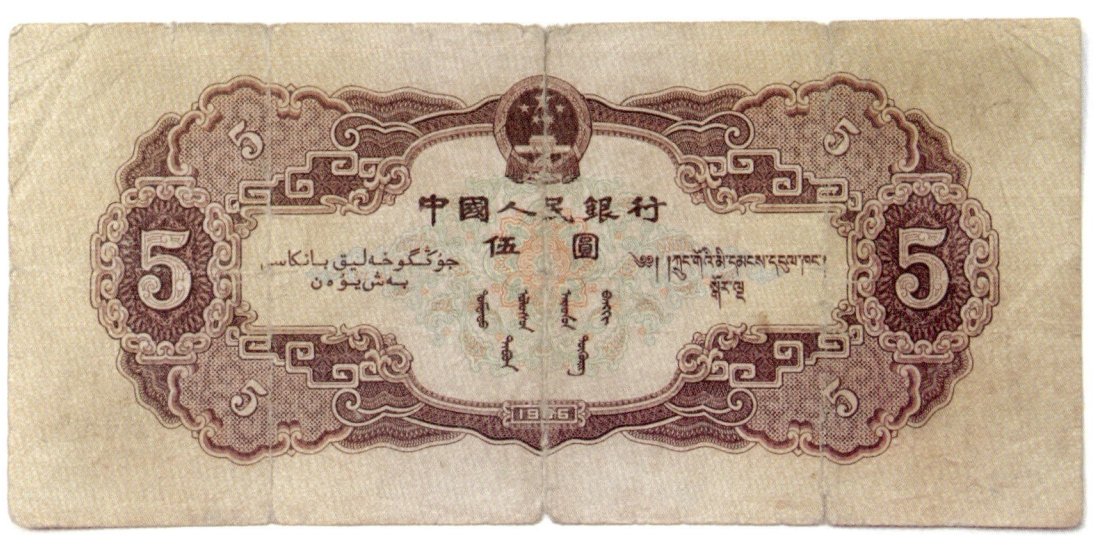

第二套人民币黄5元纸币正背面

约9.5厘米，上下相距（从上下两头相距最长的方位核算）高约3.35厘米；票正面上下两头内向两条空白线高相距约4.2厘米，外向两条空白线相距约5.5厘米。

鉴定黄5元与海鸥5元对收藏者有一定意义，但更重要的是，需要学会鉴别和鉴定赝品。

"红1元"券和"黑1元"券的鉴别

"红1元"和"黑1元"（也称为"深蓝1元"）是第二套1元纸币的两种版别，其中一种币面主颜色为红色的，通称红1元，1955年3月1日发行。

"红1元"由于易褪色等原因，到1961年3月25日即改版发行黑1元（币面主色为蓝黑色，故称黑1元），发行时间只有4个春秋，到1969年10月20日银行对"红1元"只收不付。由于发行时间短，存世量小，"红1元"成为第二套人民币收藏的精品之一，同时也成为不法分子的造假目标。

"红1元"的鉴定可把握如下要点。

一、看水印标志

第二套人民币"红1元"票券采用苏联制作的钞纸，纸上有不规则的空心五角星水印，迎光观察非常清晰。假币一般无水印，或用浅颜色印上去制造假水印，这种假水印不用迎光即可看到。

第二套人民币黑1元纸币

第二套人民币红1元纸币背面

二、看雕版印刷标志

看是否是雕刻版。一般真币的文字图案都是雕刻版。第二套人民币"红1元"采用的是双凹印刷工艺，即以我国传统的手工雕刻方法制版，具有版纹深、墨层厚等特点，用手触摸有明显的凹凸感。假币一般是平版胶印，手感平滑。

三、看底纹标志

天安门光芒万丈的底纹，雕刻精细，线条均匀，立体感很强；假币一般是平版胶印或是电子扫描印刷，要么模糊不清，要么溢墨明显，总之很难达到真币的效果。

四、看暗记标志

以币券正面为视向，票面行长章的左边有个"中"字样，"中"字左斜上方有"人"字样，币面右下角数字"1"的右斜上方有"工"字样；"工"字右斜上方处有一"元"字；金水桥中轴线右侧的两栏间有"上"字样。暗记多用于钞币，具有很强的防伪功能，用高倍放大镜观察清晰可见，假币不好仿制。

五、摸纸张手感

摸一摸是不是造币用的纸张。造币纸张比较硬挺，即使再旧的纸币纸张也不同于其他纸张。

第二套人民币真伪的辨别

第二套人民币在钱币市场还是被大家关注的，甚至比第一套人民币的呼声更高，这主要就是因为在制作工艺和防伪技术上相当卓越，第二套人民币里面的"绿3元"至"大黑十"都是大家心目中的王者。

如何辨别第二套人民币的真伪呢？重点要把握以下几点：

第一，真钞的正面和背面图案都采用凹版雕刻方法，连人的头发都可以看得一清二楚，线条十分立体。

第二，真钞整张币纸在紫外线下无荧光反应，币纸中有不规则分布着的黄蓝色荧光纤维，日光下肉眼可见，在紫外线下纤维有荧光反应。假钞在紫外线下，币纸呈白色荧光且没有黄蓝色荧光纤维。

第三，第二套人民币的纸张是专用造币纸，手感薄，在印制的过程中，采用了苏联以及美国等国家的钞票纸，在纸币的品质上得到了一定的保证。1953年"黑1元"券和1956年"黄5元"券改版之后，使用的纸张就是苏联特一号五角星水印纸，触摸的时候可以感受到纸张独特的手感。

假钞则是用普通胶版纸或者书写纸印刷，手感较厚，平面光滑。对真币有经验者，首先应该关注纸质，通过触摸都可以做出判断。

第四,第二套人民币真伪的辨别可以利用相关工具,可随身带30倍以上的放大镜,仔细观察底纹是否清晰,有无线条模糊。高仿币大多数只能做到相似,而不能做到纹理条条清晰。

第五,真钞水印是造纸过程中在纸浆还没有完全吃水、干燥之前用模具挤压成型的,层次过渡非常自然,很富有神韵,图像也清晰可见。假钞水印由手工制作,质量低劣,具有水印的一端的假钞纸张不平。

第六,第二套人民币里面还有一部分选择了平印,图案上的花纹看起来很精致,但是如果不认真的话,那么就可能会忽略,其中1953年绿3元券的背面还可以看到飞天云纹。第二套人民币的防伪技术相当的成功,需要收藏者掌握一定的防伪技巧。

第七,看暗记。现在的高仿币大多数带有暗记,虽然不能光看暗记,但真假币的暗记还是有很大的差异。

第八,可以用鼻子闻闻,真币有一种特殊的霉香味道。

第二套人民币的收藏投资

第二套人民币的收藏投资首选是面值独特的人民币，即1953年版图案为井冈山的3元人民币。在所有的人民币中，这是唯一的一枚3元券，仅此一点就使其具有独特的收藏价值。同时，它还是第二套人民币发行流通时间最短的人民币之一，于1955年3月1日发行，1964年5月15日停止流通，且发行量少，因此具有很高的收藏投资价值。此3元券作为长线投资的绩优品种，长线持有，必有丰厚回报。

其次，第二套人民币中中低价位的品种，特别是1元、2元的品种，价格偏低，将有一个逐步被收藏投资者发现的过程，中长线投资会有翻数番的机会。

值得注意的是，尽管第二套人民币多年前就有退出流通重大利好，但1999年到2001年5月市场表现仍然平平，毫无起色，使得一些收藏投资者对其收藏投资价值打了个问号。其实这只是表面现象，因为1999年到2001年初正是中国邮币卡市场持续走低探到谷底的年头，第二套人民币也只能随波逐流。一旦大势逆转，就可见到分晓。

后来，经过几年盘整，如今果然进入稳步上升通道。

第二套人民币相关数据

10元（1953）	工农像		
发行时间	1957年12月1日	停用时间	1964年4月15日
票面尺寸	210毫米×85毫米	字冠、号码	三字冠、七号码
印刷工艺	胶印四色、凹凸印各二色	正面图案	工农联盟图
5元（1953）	各民族大团结		
发行时间	1955年3月1日	停用时间	1964年5月15日
票面尺寸	165毫米×75毫米	字冠、号码	三字冠、七号码
印刷工艺	胶印四色、凹印二色	正面图案	各民族大团结图
5元（1956）	各民族大团结		
发行时间	1962年4月20日	停用时间	1983年12月1日开始只收不付
票面尺寸	165毫米×75毫米	字冠、号码	三字冠、七号码
印刷工艺	胶印九色、凹印二色	正面图案	各民族大团结图
3元（1953）	井冈山		
发行时间	1955年3月1日	停用时间	1964年5月15日
票面尺寸	160毫米×72.5毫米	字冠、号码	三字冠、七号码
印刷工艺	胶印四色、凹印二色	正面图案	井冈山龙源口图

续表

2元（1953）	宝塔山		
发行时间	1955年3月1日	停用时间	1976年12月开始只收不付
票面尺寸	155毫米×70毫米	字冠、号码	三字冠、七号码
印刷工艺	胶印四色、凹印二色	正面图案	延安宝塔山图
1元（1953）	天安门（红）		
发行时间	1955年3月1日	停用时间	1969年10月20日
票面尺寸	150毫米×67.5毫米	字冠、号码	三字冠、七号码
印刷工艺	胶印四色、凹印一色	正面图案	天安门图
1元（1956）	天安门（黑）		
发行时间	1961年3月25日	停用时间	1973年8月15日
票面尺寸	150毫米×67.5毫米	字冠、号码	三字冠、七号码
印刷工艺	胶印八色、凹印二色	正面图案	天安门图
5角（1953）	水电站		
发行时间	1955年3月1日	停用时间	1999年1月1日
票面尺寸	125毫米×57.5毫米	字冠、号码	三字冠、七号码
印刷工艺	胶印七色、凹印一色	正面图案	小丰满水电站

续表

2角（1953）	火车		
发行时间	1955年3月1日	停用时间	1971年11月开始只收不付
票面尺寸	120毫米×55毫米	字冠、号码	三字冠、七号码
印刷工艺	胶印四色、凹印一色	正面图案	火车图
1角（1953）	拖拉机		
发行时间	1955年3月1日	停用时间	1967年12月15日开始只收不付
票面尺寸	115毫米×52.5毫米	字冠、号码	三字冠、七号码
印刷工艺	胶印六色、凹印一色	正面图案	拖拉机图
5分（1953）	轮船（有号码）		
发行时间	1955年3月1日	停用时间	2007年4月1日
票面尺寸	100毫米×47.5毫米	字冠、号码	三字冠、七号码
印刷工艺	胶印五色	正面图案	轮船图
5分（1953）	轮船（无号码）		
发行时间	1981年7月15日	停用时间	2007年4月1日
票面尺寸	100毫米×47.5毫米	字冠、号码	三字冠、无号码
印刷工艺	胶印五色	正面图案	轮船图

续表

2分（1953）	飞机（有号码）		
发行时间	1955年3月1日	停用时间	2007年4月1日
票面尺寸	95毫米×45毫米	字冠、号码	三字冠、七号码
印刷工艺	胶印四色	正面图案	飞机图
1分（1953）	飞机（无号码）		
发行时间	1981年7月15日	停用时间	2007年4月1日
票面尺寸	95毫米×45毫米	字冠、号码	三字冠、无号码
印刷工艺	胶印四色	正面图案	飞机图
1分（1953）	汽车（有号码）		
发行时间	1955年3月1日	停用时间	2007年4月1日
票面尺寸	90毫米×42.5毫米	字冠、号码	三字冠、七号码
印刷工艺	胶印四色	正面图案	汽车图
1分（1953）	汽车（无号码）		
发行时间	1981年7月15日	停用时间	2007年4月1日
票面尺寸	90毫米×42.5毫米	字冠、号码	三字冠、无号码
印刷工艺	胶印四色	正面图案	汽车图

续表

1分（1953）	汽车（无号码）		
发行时间	三字冠用完再版改为二字冠	停用时间	2007年4月1日
票面尺寸	90毫米×42.5毫米	字冠、号码	二字冠、无号码
印刷工艺	胶印四色	正面图案	汽车图

金投外汇网第二套人民币收藏报价表（2019年12月18日）

第二套人民币类别	面值	发行年份	市场参考价格	备注
长号1分	0.01元	1953	80~100元	整刀
长号2分	0.02元	1953	90~120元	整捆
长号5分	0.05元	1953	800~1000元	单张
黄1角	0.1元	1953	400~550元	整刀
2角火车头	0.2元	1953	1200~1500元	整刀
5角红版水库	0.5元	1953	1200~1500元	整刀
5角深版水库	0.5元	1953	200~250元	整刀

续表

第二套人民币类别	面值	发行年份	市场参考价格	备注
5角浅版水库	0.5元	1953	150～200元	整刀
黑1元	1元	1956	200～1600元	单张
红1元	1元	1953	400～2000元	单张
宝塔山1元	2元	1953	200～1600元	单张
绿3元	3元	1953	2000～15000元	单张
黄5元	5元	1956	200～1600元	单张
红5元	5元	1953	1500～12000元	单张
海欧5元	5元	1956	700～7000元	单张
大黑十	10元	1953	4万～15万元	单张
第二套人民币大全套	—	—	8万～30万元	—

备注：市场参考价一栏的报价为五品到全品报价。

金投外汇网第二套人民币收藏报价表只代表一个方面的报价，属于偏低报价，一些高端品种，在各钱币网站和网店的报价往往相去甚远。

如其他网站的报价：

1角的纸币市场价格在600元左右；2角的纸币市场价格在1500元左右；5角的有浅版和深版之分，市场价格差得不是太多，深版的市场价格在270元左右，浅版的市场价格在250元左右。

1元纸币有黑版和红版之分，黑版市场价格一张在2500元左右，红版的市场价格一张为3700元左右。

2元的纸币市场价格在2300元左右一张，3元纸币市场价格在38000多元一张。

5元的纸币又分为海鸥版、红版和黄版，海鸥版市场价格在11500元左右一张，黄版市场价格在2000元左右一张，红版市场价格在31300元左右一张。红5元与黄5元的价格上存在天壤之别，而不同网站报价也有所不同。金投外汇网人民币红5元价格仅12000元，事实上该币最高价达到42000元；金投外汇网报的黄5元价格也仅1600元左右，而市场上好品相的大多超过这个价。

10元的市场价格在30万元左右一张。

上述市场价格都是全新币的市场价格，平常人购买的普通品种的价格要比这个报价低。

人民币收藏与鉴赏

沈 泓 著

下册

学苑出版社

第七章 第三套人民币的相关知识

第三套人民币
发行的历史背景

第三套人民币1962年4月20日开始发行，到2000年7月1日停止流通，历时38年。这套人民币从1958年开始统一设计，票面设计图案比较集中地反映了当时我国国民经济以农业为基础，以工业为主导，工农轻重并举的方针。

第三套人民币是在中苏关系破裂的背景下，在连续三年自然灾害的情况下，在艰难困苦、奋发图强的历史条件下，国家领导人为巩固发展社会主义经济应运而生的一套人民币，是中国靠自己研发，经过百般努力，终于研发出属于我们自己的一套具有划时代的历史意义的人民币。它是一套具有"人民当家作主，独立自主，自力更生"，全面解放生产力和发展现代化等时代特征的人民币，也是一套见证中国历史诸多奇迹的货币。从此，中国人民币的印刷再也不需要被别的国家掣肘，走上了独立自主印刷之路。

第三套人民币的发行，方便了群众使用，促进了工农业生产发展和商品流通使国民经济开始恢复和发展，国家财政金融状况逐渐好转。

第三套人民币1角纸币

第三套人民币的设计

第三套人民币从1955年就开始组织调查，制订方案。1959年1月23日，中国人民银行总行第一次向国务院上报关于更换新版人民币的请示；1959年2月14日，又将新版人民币设计画稿的主题思想上报中央政治局各位领导审阅，周总理作了十分详细认真的批示，提出了很多意见。

在中央美术学院和中央工艺美术学院专家罗工柳、王式廓、周令钊、侯一民、陈若菊、邓澎等主持下，组成由印制系统专业技术人员张作栋、石大振、贾鸿勋、刘延年、沈乃镕等参加的设计绘制小组。经过美术专家和印制专业技术人员的密切合作，反复修改，设计出了新方案。1959年6月6日，中国人民银行总行再次上报设计修改稿。

这期间，除10元券和5角券外，其他面额的票券设计方案均被批准并已陆续投入生产。10元券因正背面图案及水印内容没有确定，其方案经反复修改，直至1965年6月18日才被中央批准，故年号也改成了1965年。5角券因1959年周总理审批设计稿时提出"角券中是否用一个轻工业"的意见，也一直没有定稿，至1972年7月24日才上报设计稿样，7月26日国务院批准，因此票面年份也改成了1972年。

对这套人民币纸币的设计、印刷，中央和国务院都很重视，周恩来总理还作了具体指示。他指出原设计稿的画面面积太大，不太像钞票；色彩太鲜艳，不够协调；人像一般化，个性不突出。有些钞票的背面图应该互相调换，如原5元券的背面图景是"石油矿井"，原2元券的背面图景，是"露天煤矿"，两者互相调换。以"露天煤矿"用作5元券的背面图景，与其正面炼钢图景配套；以"石油矿井"用作2元券的背面图景与其正面机械工业图景配套，这样更为合理。原设计稿中1角券图景为"干部参加劳动"，考虑到1角的钞票学生们可能用得多些，要求改为"教育与生产劳动相结合"的图景。连1元券稿样中有一处汉语拼音错误，也被周恩来指明改正。

第三套人民币稿样设计时，邀请了中央美术学院、中央工艺美术学院的著名教授进行座谈，听取意见。因此，这套人民币的质量有了较大提高。第三套人民币上的汉字行名仍沿用马文蔚先生的书体，但汉字面值改成了印刷宋体字。

第三套人民币票面设计图案比较集中地反映了当时中国国民经济以农业为基础，以工业为主导，工农轻重并举的方针。该套币主题思想突出，表现了社会主义建设的新成就和建设者朝气蓬勃的新风貌。票面图案设计简洁，布局合理，进一步打破了边框式设计定式，采取开放式构图，在限定的票面上竭力呈现出开阔、辽远、深邃的画面。

在颜色的设计上颇具新意，每种票面有一个色调作为基色调，同时运用多色彩印技术，使得画面色彩活泼丰富，明快悦目。

第三套人民币
的雕刻

第三套人民币作为我国独立设计印制的币钞，新中国著名钢版凹雕大师吴彭越和鞠文俊参与了雕刻。根据国务院批准的设计图案，中国人民银行总行组织吴彭越、鞠文俊、林文艺、刘国栋、赵亚云、苏席华、王雪林、高增基、贾绪丰、张永信等著名雕刻师共同会战，充分发挥各自雕刻特长，手工雕刻与机器雕刻相结合，使第三套人民币的艺术性和防伪性更为突出。

在雕刻工艺上，主景采用手工雕刻，面额文字和衬底花纹图案多采用机器雕刻，同时运用多色接线技术，提高了票券的防伪性。

因此，在第三套人民币中不乏雕刻精美的经典之作，其代表性作品是吴彭越雕刻的5元券正面的"炼钢工人"和鞠文俊雕刻的1元券背面的"天山放牧图"。其中5元券，正面图案炼钢工人在专心致志地炼钢，人物栩栩如生，雕刻的刀法流畅，线条生动有力，此券被国际印钞界公认为"世界纸币雕刻精品"。

在印制工艺上，油墨配色合理，色彩新颖、明快；票面纸幅较小，图案美观大方。

为高质量高速度地印制第三套人民币，及时满足市场流通需要，印

第三套人民币5元纸币"炼钢工人"图

制系统的工程技术人员沈永斌、李根绪、刘正祥、柳溥庆、陈彭年、鲍振增等和有关单位技术人员通力合作,突破了印制设备的技术难关,同时造出了我国自己的水印钞票纸,如空心五角星布币混合满版水印、国旗五角星满版水印和天安门固定水印,均由袁荣广和郑新臣设计雕刻。从此结束了我国货币生产依赖外国的历史。

第三套各券别发行和退市时间

中国人民银行规定，第三套人民币和第二套人民币比价为1：1，即第三套人民币和第二套人民币票面额等值，并在市场上混合流通。

第三套人民币纸币共有1角、2角、5角、1元、2元、5元、10元7种面额，9种版别，其中1角券别有3种，2角、5角、1元、2元、5元、10元各有1种。其中，1966年和1967年先后两次对1角纸币进行改版，主要是增加满版水印，调整背面颜色。

1960年4月20日发行的人民币共有两种面额，其中1956年版棕色5元券是第二套人民币的最后一个券种，而1960年版枣红色1角券则是第三套人民币开始发行的标志。

1964年4月15日，深绿色2元券和墨绿色2角券同时发行。由于1962年版1角券背面颜色和1962年版2角券背面颜色近似，不太容易辨认，故1967年12月15日调整了1962年版1角券背面颜色，重新发行了1962年版1角券，将其背面颜色由深棕、浅绿，改为酱紫、橘黄。

1974年1月5日，发行1972年版5角券，这是第三套人民币的最后一个年版号。

第三套人民币各券别具体发行时间和退市时间如下：

1962年4月20日，发行1960年版枣红色1角券，1971年11月20日

第三套人民币2角纸币正背面

开始只收不付。

1964年4月15日,发行1962年版墨绿色"长江大桥"2角券,1992年2月4日开始只收不付。

1964年4月15日,发行1960年版深绿色"车工"2元,1991年3月1日开始只收不付。

1966年1月10日,发行1962年版背绿1角券(含带水印券),

1967年12月15日开始只收不付。

1966年1月10日,发行1965年版10元券,1996年3月1日开始只收不付。

1967年12月15日,发行换色1962年版背棕色1角券,1967年12月15日,银行对背绿1角券(含带水印的)实行只收不付。

1969年10月20日,发行1960年版女拖拉机手1元券,1996年3月1日开始只收不付。

1969年10月20日,发行1960年版炼钢5元券,1992年2月4日开始只收不付。

1974年1月5日,发行1972年版"纺织"5角券,1991年3月1日开始只收不付。

1992年1月28日,人民银行发布《关于第三套人民币伍元、贰角、壹角券实行只收不付的通知》,规定自1992年春节后对上述票券实行只收不付。

1999年2月3日,发布《中国人民银行关于第三套人民币停止流通的公告》。

2000年1月1日—2000年12月31日,限期办理兑换第三套人民币(时间延长了半年)。

未发行币种:中国人民银行曾印制1990年版的1元及2元纸币,由于当时第四版人民币已大量发行,以及第三版人民币即将停用等原因,未发行即被银行收回,仅有极少量流入市场。

第三套人民币自20世纪60年代发行以来,一直流通至2000年,是迄今流通时间最长的一套人民币,对促进经济发展发挥了重要作用。先后共发行7种面额、9种版别。如果按冠号、印制工艺和钞纸的不同,至少可进一步细分为30多种。部分发行较早、发行量稀少的币种,早已成为收藏界的热门。

第三套人民币的图案和颜色

1962年4月20日，中国人民银行陆续发行了第三套人民币7种票面，辅币1角、2角、5角，主币1元、2元、5元、10元，共9个版别，其中1角3个版别（枣红1角、背绿1角、背棕1角）。

辅币一律用胶版和凹版印刷，后因需求量大，遂全部采用胶版印刷。主币采用双面凹版和胶版、接线、套线新技术，钞纸印刷、油墨、颜料全部使用国产。这套人民币体现了"人民当家作主，独立自主，自力更生"建设社会主义的时代特征。

第三套人民币的图案和颜色具体如下：

1角券正面原设计为"干部参加劳动"图景，后改为"教育与生产劳动相结合"的图景，背面图案为国徽、菊花。主色调共有枣红、深棕、浅绿、酱紫、橘黄5种。

2角券正面为"武汉长江大桥"图，背面图案为国徽、牡丹花，主色墨绿色。

5角券正面为"纺织厂生产"图，背面图案为国徽、棉花和梅花，主色青莲色。

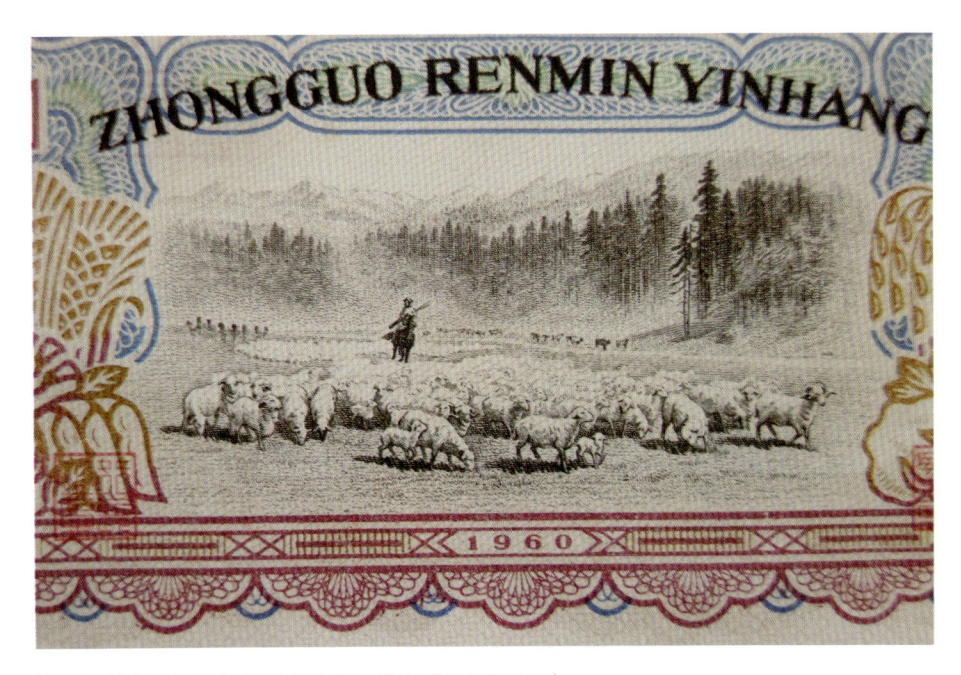

第三套人民币1元纸币背面局部图案：牧羊（也叫放牧图）

1元券正面为"女拖拉机手"图，背面图案为国徽、放牧图，主色深红色。

2元券正面为"车床工人"图，俗称"车工"，背面为国徽、石油矿井，主色深绿色。

5元券正面为"炼钢工人"图，俗称"炼钢5元"，背面为国徽、露天煤矿，主色深棕色。

10元券正面为"人民代表步出人民大会堂"图，背面图案为天安门城楼，主色黑色。10元券俗称"大团结"。

第三套人民币的特点

和第二套人民币相比，第三套人民币有如下新的特点：

一是主题思想鲜明。内容相互呼应，极富民族特色，体现时代精神。例如，1元券正面为"女拖拉机手"图，象征农业为基础，背面的羊群象征发展畜牧业。再如，2元券正面为"车床工人"图，象征工业为主导；5元券正面为"炼钢工人"图，象征工业以钢为纲；2元、5元券背面的石油矿井和露天煤矿象征发展能源工业。

二是进一步打破了边框式设计思想。辅币除最初设计的枣红色1角券仍保留变形的底边框外，全部取消了边框，成为开放式构图。这样在较小的票面上显得画面开阔、深远。

三是色彩丰富。第二套人民币由于印刷技术所限，基本上是单色的，这样的票面既不够美观，也不利于防伪。第三套人民币的票面除了有一个基本色调外，还采用了多色印刷技术，这使得画面色调活泼、丰富，又提高了防伪性能。

四是增设了壮文，调整了四种少数民族文字的排序和印制位置。四种少数民族文字印制位置也根据票面图案布局进行了重新调整。

五是缩小了票幅。

六是画面设计和先进技术相结合。

20世纪50年代,国际印钞业已较多地使用了一些机雕、接线等新技术,这些在第三套人民币的设计中被广泛应用。

第三套人民币
的时代精神

第三套人民币的设计和印刷是在贯彻"独立自主,自力更生"总方针的原则下进行的,其设计、制版、印钞设备、纸张和油墨都是自力更生解决。版面图案反映了建设社会主义新成就和政治风貌。

10元券

票面的正面"人民代表步出大会堂"图案,象征人民参政议政,当家作主人,背面以红色牡丹花和彩带衬托天安门,象征伟大祖国富强和民族团结。本票券俗称"大团结"。

第三套人民币10元纸币正面局部"人民代表步出人民大会堂"图案,象征人民参政议政,当家作主人,俗称"大团结"。

5元券

票面的正面是"炼钢工人"图案。炼钢在中国已有2500多年的历史。5元炼钢工人生活情况的记录,反映了炼钢工人炽热的革命热情和对美好生活的向往。票面背面的大露天煤矿是中国五大露天煤矿之一——平朔安太堡露天煤矿,其位于朔州市区与平鲁区交界处,总面积达376平方千米,地质储量约为126亿吨。

2元券

票面的正面图案是"车床工人",象征工业为主导,票面背面以国花——牡丹花衬托石油矿井。20世纪60年代后期,中国依靠自己的力量相继建设了胜利油田、大庆油田、长庆油田和辽河油田。1960年春,我国发现大庆油田,王进喜打出了大庆第一口喷油井。王进喜留下的"铁人精神"和"大庆经验",成为我国进行社会主义建设的宝贵财富。1964年,毛主席向全国发出"工业学大庆"的号召。

1元券

票面正面图案是"女拖拉机手",象征农业生产为国家经济基础,票面背面的葵花、剑麻、鹿麻等经济作物衬托牧羊群,象征畜牧业的发展。

5角券

票面正面图案是"纺织厂生产图",象征轻工业发展。

2角券

票面正面图案是"武汉长江大桥",象征建设新成就。

1角券

票面正面是"教育与生产劳动相结合"图案,象征文化教育新改革。

三种辅币票面背面图案,采用棉花、牡丹、菊花等分别组成的图案,象征文化、科学、艺术百花齐放,欣欣向荣。

这七种人民币票面上均有国徽和蒙、藏、维、壮四种民族文字,票面手工雕刻技艺精湛。

第三套人民币中的特殊券别

一、1960年"枣红1角"

正背面双凹印刷,触摸正背面的花纹、银行名等有极强烈的凸凹感。它的设计及规格承接了第二套纸币的风格,是第三套纸币中较特别的票券。

二、1962年"背绿1角"

票正面单凹印刷,触摸字体花纹,有较强的凸凹感;有两种版别,一种在经理章的左上角草丛的两条草叶中间里有"人"字暗记,另一种在相应位置无"人"字暗记。其他相同暗记有票面正大门右侧第六和第七根栏杆之间的上端有字母"A","A"下有一个"十"字,"A"的左上方有个字母"J"。

三、1962年"背绿水印1角"

正面单凹印刷,触摸花纹、银行名等有较强烈的凸凹感;"背绿"印刷得很少,只有如"136""130"等几种不分顺序的编号。

背绿水印没有"人"字暗记,其他暗记与普通背绿差不多,但暗记"A"下面的暗记"十",在这个位置的暗记在不同编号会有不同的变化。背绿水印通常会有一个以上星水印,或票边有几个半个星水印,也会有一个星水印(或以上)及半个星水印(或以上)的出现等。

四、1962年"棕色1角"

有6个版本,分别是正背胶印的蓝色数字二罗马及蓝色数字三罗马,正背胶印的红色数字二罗马及红色数字三罗马,正面凹印的红色数字二罗马,正面凹印的红色数字三罗马(有水印)。暗记大体上相同,正大门右侧第六和第七根栏杆之间的上端有字母"A","A"下有一个"十"。

五、1962年2角(正背胶印)

数字二罗马及数字三罗马,正面大桥左桥头坡地上,有数字"2"暗记。汉字"角"的尾巴没有穿出来,这只是当时常用及惯用的写法,在第二套、第三套纸币中的所有角券都是这种写法。

六、1962年2角（正面凹印）

早期印刷发行，无数字"2"暗记，触摸票的正面有很强的凸凹感，颜色比胶印版深。

七、1972年5角

有三个版本，其中正背胶印（无水印）和正背胶印（有水印），票面右边齿轮左下边有数字"5"（字体较粗）；正面凹印（有水印），票面颜色比胶印版深，触摸票面有较强的凸凹感，暗记数字"5"的字体较细。

八、1960年1元二罗马及三罗马

实心星水印，票背右边的山坡上有字母"I"字样。

九、1960年1元古币水印

空心星及古币水印，早期印刷发行，票背右边的山坡上有字母"I"字样。触摸票正面的花纹有极强的凸凹感。

十、1960年2元

实心星水印,票背草丛的第一行的根部分别有字母"Z""R"字样。在20世纪90年代后期,有报道指一名小学生发现2元纸币正面的汉字"贰"在《新华字典》中查不到,只查到汉字"貳",而纸币中的汉字"貳"的两横在上面,不是在下面,认为这是错版币。

其实有收藏纸币常识的人都知道,这只是当时的常用及惯用的写法,这种写法在其他2角、2分币券中一样存在,并且已退出流通的前三套纸币也采用这样的写法。

十一、1960年2元古币水印

空心星及古币水印,早期印刷发行,票背草丛的第一行的根部分别有字母"Z""R"字样;票背汽车的车轮内的线纹与实心星水印版本汽车的车轮内的线纹不同,触摸票正面的花纹有极强的凸凹感。

十二、1960年5元二罗马及三罗马

三罗马有深浅颜色之分。实心星水印,背面机械有"天"字,经理章右边有字母"H""J"。

十三、1965年10元二罗马及三罗马

天安门放光芒水印，背面天安门的左边有"人"字，左边城墙边有字母"H"字样，天安门右侧灯柱的右边有"工"字样，右上还有字母"Z"字样。另外还有荧光版。

第三套人民币65年版10元纸币背面天安门放光芒水印

第三套人民币的意义

第三套人民币是新中国独立设计印制的第一套流通纸币，面对外国制币技术的垄断，周总理指示并带领一批独立的科研人员自行研发。第三套人民币从1962年4月20日开始发行，共有7种面值24张版别，算上第二套1分、2分、5分纸币，共计27种纸币。

这套人民币经历土地改革、"文化大革命"、"上山下乡"运动，聚集着人们对那个年代特有的情怀和美好回忆，凝聚着新中国成立初期国民淳朴的社会风气，和人们艰苦奋斗、努力开拓、建设美好家园的精神风貌，承载着人们从无到有的一个个酸甜苦辣的创业故事。正因为承载的历史故事太多，收藏的人也越来越多，成为精神文化的瑰宝。

10元面值的人民币图案是全国人大代表集体走出人民大会堂的合影，5元图案是"炼钢工人"，2元图案是"车床工人"，1元图案是"女拖拉机手"，5角图案是"纺织车间"，2角图案是"武汉长江大桥"，1角图案是"知识青年到农村去"，5分、2分、1分的图案分别是飞机、轮船、解放牌汽车，它们无不在反映当时的祖国正在大力发展工业、农业等经济。

第三套人民币券别结构合理，纸币、硬币品种丰富，设计思想鲜

第三套人民币5角纸币

明，印制工艺也比较先进。发行第三套人民币，增强了人民币的反假能力，为健全我国货币制度，促进经济发展发挥了重要作用，具有重大的历史意义。

6种版式的冠字

该券从发行到2000年底停止流通,历时36年之久,其间多次改变纸张、冠字及号码,产生了不同的版别。根据藏家多年收藏的实物考证,该券共有6种不同的版式。

一是凸版钢章,是最早一批投产使用的,主要是以下冠字:123 234 345 456 567 678 789 890 901 012 135 124 125 126 127 128 129 130 134,每组6个。

二是凸版凸章,主要是以下冠字:357 579 791 913 246 468 680 802 024 568 569 578 589 670 690 679 689 780 790,每组6个。

三是凸版凸章八分冠,主要是以下冠字:112 113 114 115 116 117 118 119 110 221 223 224 225 226 220。

四是三字平版钢章,主要是以下冠字:136 137 138 140 145 146 147 148 149 150 156 157 158 159 160 167 168 169 170 178 180 189 230 250 260 270 290 235 236 237 238 239 245 247 248 249 256 257 258 259 267 268 269 278 279 289 340 350 360 370 380 390 346 347 348 349 356 358 359 367 368 369 378 379 389 450 460 470 480 490

457　458　459　467　469　478　479　489　560　570　580　590，以上每组6个。

五是三字平版八分冠胶章，主要是以下冠字：227　228　229　331　332　334　335　336　337　338　339　330　441　442　443　445　446　447　448　449　440　551　552　553　554　556　557　558　559　550　661　662　663　664　665　667　668　669　660　771　772　773　774　775　776　778　779　770　881　882　883　884　885　886　887　889　880　991　992　993　994　995　996　997　998　990　001　002　003　004　005　006　007　008　009。

六是二字冠，冠字是从ⅩⅩ到ⅥⅢ，加上ⅨⅨ（补号），790冠字组合因为是补号，所以在三字冠各版式中都有出现。

因为有了这么多版别，所以"长江大桥"券市场价格有很明显的差异，经常有收藏爱好者提问，为什么同样是大桥，人家的挂上去就被秒杀，我的就无人问津？这就是冠字不同、发行时间及投放早晚、存世量等多种因素而造成的巨大的价格差异。

同样是凸版，钢章的就要贵很多。同样是钢章，早期比晚的要贵很多。另外，首发券也非常珍贵，ⅠⅡⅢ全品的会达到1000～2000多元一张，而普通凸版钢章则市价不到200元，凸版凸章还要低一些。

三字平版和二字冠中也会因封签早晚有一定的价格差异，如普通三字冠平版是20～23元一张，而136组合可能35～50元一张，买把币捆币都不好找。

二字冠首发券ⅩⅩ报价也很高，有的卖家报价50～80元一张，捆的已经不多见。

第三套人民币
1角币的版别

在第三套人民币中，1960年版枣红1角和1元面值以上的所有票券，正背面都采用凹版印刷，而其余的1角、2角、5角票券起初都采用正面凹版，背面胶版印刷。后来随着经济发展，1角、2角、5角票券的购买力越来越低，无人去伪造它们。所以，为了降低印刷成本，印钞厂把它们的正面也改成了成本较低的胶版。

第三套人民币1角纸币红三轨

第三套人民币1角纸币红三轨背面

早期的凹版角券存世量较少，现在的价格当然也就比胶版角券贵些。

区分"凹版"和"胶版"，看其花纹的颜色和立体感就能判断。如果拿这两种钞票来对比，区别十分明显，很容易判断。另外对于初学者，还可以采用下面两种方法：

第一种是"摸"。凹版人民币正面的"中国人民银行"六字，凸出的感觉十分明显，只要用手指从左至右轻轻摸一下，就能清楚地感觉到每个字都是凸起的。

第二种是"看边缘"。凹版印刷的文字和图案，线条边缘会有油墨扩散造成的细小"毛刺"，用放大镜可以看得很清楚，而胶版印刷的线条边缘是光滑的。

关于第三套人民币1角券的故事

第三套人民币1角券十分特殊，以至于现在收藏圈的藏友们仍然对之津津乐道，关于它的每一丁点历史，都被放大成为如今的收藏亮点。它究竟有什么魅力值得这么多藏友关注呢？

一、"右倾"错误导致被"毁尸灭迹"

第三套人民币1960年版枣红1角券在发行的时候并没有什么不妥，只是一枚普通不过的角券，可是一个不以为意的小细节，要了它的命！

当时我国正处在左右路线之争的特殊年头，"右倾"被认为是一种无可救药的错误，不被人们所接受。而这枚1角券的正面主图刚好就是一群自左向右行走的人，在今天看来再正常不过的图案，因为犯了所谓的"右倾错误"，终于1960年版枣红1角券抵不住流言蜚语的刺伤，被勒令停止流通，并且回收销毁。

至此，第三套人民币1960年版1角券就告别流通舞台，走入了一段长时间的沉寂。直到钱币收藏市场慢慢兴起它才被藏友们挖掘出来，燃放新生命。

第七章　第三套人民币的相关知识

第三套人民币1960年版枣红1角纸币正背面

二、背绿1角的收藏奇迹

第三套人民币1角券在经历了1960年版枣红1角券之后，又有新的版别出现，就是后来我们看到的1962版1角人民币了。进入21世纪后，这些背绿1角和背绿水印1角已经在市场上掀起了一股收藏风潮，交易价格甚至超越了许多高面额的票券，成为第三套人民币的收藏票王。

这枚1962版1角券，分有水印和无水印两个版别，有水印的1角券称为背绿水印1角券，目前单张价格在4万元左右，而没有水印的背绿1角券的单张价格在3000～4000元。

背绿水印1角券于1966年1月10日开始发行，发行的目的是添加更好的防伪标志，采用了与背绿1角券不同的水印纸，后因为背面绿色容易与2角券"长江大桥"混淆，投入仅1年多便遭到了严格回收。也正因如此，背绿1角券存世量较少，背绿水印1角券更是少之又少。

三、1角券在"四大票王"里占据三席之位

要说第三套人民币1角券到底有多么的神奇，可以看看被称为第三套人民币的收藏"四大票王"里面，1角券就占据了其中的三席，乃至10元、5元和2元这些大面额的人民币都要礼让三分。

在第三套人民币里面，背绿水印1角券、背绿1角券和1960年枣红1角券的价格都已经是上千元甚至数万元了，一角券能够拥有如此之高的身价，实属不容易。我们可以看到第二套人民币1角券，目前的身价都

不及其中最低价的背绿1角券的价格一半。由此可以推测，这三枚1角券实在是拥有着惊人的收藏价值和收藏地位，相信在未来的钱币收藏市场上，它们也一定能够继续创造出属于自己的奇迹。

第八章

第三套人民币的收藏

第三套人民币
市场火爆

自新中国成立以来，中国人民银行一共发行了五套人民币，在已经退出流通领域的前三套人民币当中，"币王"自然当属第一套人民币，但其收藏难度也相对较高，曾经拍出400多万元天价的"牧马图"，令许多人望而却步。第二套人民币的收藏特色在于其特殊的发行背景，"苏三币"是委托了当时的苏联代为印制。相较之下，第三套人民币被业内普遍认为是最具潜力的品种。

第三套人民币市场行情涨幅最快的是2014年，一年上涨1倍。

往年每到夏季，全国各大钱币市场都会相继步入歇夏期，表现出行情低迷、交易量萎缩等特点。但2014年的市场行情却与前几年有所不同，8月份钱币市场不管是客流量还是成交量，都比往年同期要好很多，第三套人民币部分藏品交易量甚至有所增长。

第三套人民币的市场行情火爆，除去其作为不可再生资源的价值意义，不排除有炒作的因素。目前的钱币市场，随着越来越多看中利益的投资者介入，炒作的风气可谓日益热络。在此也提醒广大藏家，在入手收藏投资的时候要谨慎选择，切忌跟风炒作。

在收藏市场中，第三套人民币前几年的市场走势一直比较平稳，价格上下波动幅度不大，但在2014年出现了爆发式上涨。第三套人民币大全套价格最高涨到了6万多元，与2013年同比翻了1番。

其中，值得关注的枣红1角券与背绿水印1角券，在市场上均有不错表现。1960年版枣红1角券市场价格维持在6000元左右。业内人士表示，枣红1角券因为流通环节中的不断损耗，导致存世量稀少，价格跟着水涨船高，预计未来行情依旧看涨。

第三套人民币中最受追捧的要数背绿水印1角券，即1966年发行的1角纸币，背面为绿色且带有五角星和古币两种水印，因流通不便被提前回收而使得其存世量稀缺，物以稀为贵正是其价格飙升的主要原因，也成就了其第三套人民币收藏中的币王地位。市场价格在4万元附近徘徊，相比2013年的行情，涨幅非常可观。

第三套人民币虽然不像第一、第二套人民币的珍品那般价格居高，但从性价比来看，其潜力无疑是最被看好的，适中的价格与本身的价值更容易被人接受，使得它成为人民币收藏投资者的首选。

第三套人民币行情的升温，除了市场的正常发展推动之外，不排除有炒家受利益驱使而大力炒作的因素。事实上，已经退出流通的纸币，往往是炒作的首选对象。越是有利可图，炒作暗潮就越是汹涌。

在某个品种的藏品价格大涨的时候，往往有一部分收藏者经受不住利益的诱惑倒卖出手，这就给了炒家炒作的机会，而价格被炒作推至虚高后，受炒的藏品必定会如坐过山车般从高处往下猛跌，也就是所谓的"暴涨暴跌"。这种由炒作资金掌控盘面的纯粹炒作，完全就是为了利益，已经脱离了收藏本身的意义。

而真正损失惨重的，就是在如此炒作模式下的信息相对滞后的散户,每每高位接盘之后,想抛盘却没人接,只能独自承担疯狂炒作后的巨大风险。

  为了规避风险,藏家在入手第三套人民币的时候,要尽可能选择一些真正具备收藏价值的老、精、稀品种,这些藏品的价格一般比较稳定,呈平稳上涨趋势,波动幅度也不大,而且因为其已经退出流通市场,存世量较少,炒作空间也就相对小一些。散户在有选择地入手精品之后,长期持有作长线投资,未来必将有较好的收益。

第三套人民币
收藏投资价值

从收藏角度看，纸币收藏门槛低、入门快、资金占用少、轻巧便于保管，并很少有赝品。第三套人民币具有价格相对便宜、市场货源有限、每年礼品消耗大等特点，其后世仍然具有较大的价格上升空间，是有投资前景和潜力的一套人民币。

第三套人民币收藏投资价值体现在以下几点：

一、丰富的历史文化内涵

第三套人民币发行于祖国最困难的时期，当时计划经济还得有粮票、油票等辅助，所以人民币使用率很低。由于当时国家太落后，大家都在为温饱而奋斗，基本上没有什么收藏意识，所以造成此套人民币存世量也很低，价值自然也就高得多了，比面值要高几百倍了。

二、投资安全有保障

第三套人民币近30年的持续升值，是它高安全性和高投资收益有保障的铁证。第三套人民币一经退出流通，便成为纸币收藏和投资者极力追捧的对象。

纸币投资，防伪性的强弱和辨识度的高低是鉴别是否符合投资的第一大门槛。过手40年，用了几代人的第三套人民币特定的辨伪特征是我们老百姓人人都能掌握的。但凡仿伪造假，政府和法律是要坚决打击并处以刑事责任的。正因为以上各方面构成的安全性，第三套人民币成为各大机构和个人投资者追捧的对象，为各种寻找资金出口的人们提供了一个可以安全通行的渠道。

三、价位适中，丰俭由己

与第一套人民币纸币和第二套人民币纸币大全套的市场价格数百万元、数十万元相比，第三套人民币纸币的市场价格相对较低、较便宜，且市场货源有限，后市仍然具有较大的上升空间。从收藏角度分析，第三套人民币是最有前景和升值潜力的一套人民币纸币。

对于第三套人民币，上自机构下至平民，都有参与和购进的可能性，投资增值的机会均等，较低的投资门槛和极大的获利机会对所有人敞开。

四、优异的收藏投资特性

优异的收藏投资特性是所有纸币共有的特点和优势。第三套人民币的收藏性和投资性双重优势的性质，决定了其必然成为一批精明强势的投资人追逐的投资对象，也必然是各种来头的资金流的主流追捧对象。

纸币投资、纸币理财所独有的高安全、高收益的双高性，正在快速吸引更多的人群参与，更多的资金汇集，并受到越来越多的投资理财者的青睐。

五、存世量小

物以稀为贵是永恒的市场和资源供需法则。近年来的钱币收藏热火朝天，行情坚挺。第三套人民币从1962年发行到2000年正式退出流通，期间流通近40年。纸币在市场上经过了充分的流通，旧了、脏了、破了，都比较及时地回流到了银行。在那个一分钱能买两颗糖的时代，人们对于钱的珍惜是可想而知的。可以说，第三套发行的大部分纸币品种都是在市场上得到了充分的流通消化并最后被银行严格销毁的。

2000年之前，人们的收入水平不高，再加上收藏意识不强，有意或无意留存下来的第三套纸币数量是少之又少。正因为如此，这给第三套的纸币收藏，特别是投资市场带来了一个强有力的支撑。

六、市场价值表现出色

第三套人民币的市场价值表现出色，也证明了其优异的收藏投资价值。2000年第三套人民币退出流通领域时，全套价格就被炒到了七八百元。随后价格一路上扬，其中，古币水印2元、五星水印2元、枣红1角、背绿1角、背绿水印1角五种票券的升值速度最快。由于当时2元面值本身发行量少，其中空心五角星水印和古币水印这两个版别是2元面值最值钱的版别，单张价格已经在数千元一张。

而1角面值的纸币，最初的版别是枣红1角，这个被赋予了政治色彩的纸币存世量少，价值高，最高时市场价达到8000元左右一张。

收藏市场上流传着一张一毛钱换辆小轿车的故事，这并不是空穴来风。背绿水印1角，由于背面是绿色，人们在查钱的时候很容易与已投入流通使用的2角券的颜色弄混，所以国家就赶紧收回了，造成了存世量极少，再加上后期炒作，价格节节攀升，最高价曾达到5万元左右一张，甚至一币难求。

从收藏角度来看，前三套人民币已相继退出流通领域，其中第一套人民币由于年代久远，存世量少，不易收藏；第二套人民币由于开发较早，很多收藏家早已开始有意识地收藏，一般收藏者也较难找到好品相的藏品。所以，收藏第三套人民币可以说是初涉人民币收藏者较好的选择。

收藏投资是有风险的，如果专业知识不够千万不要冒然进入不熟悉的领域进行投资，千万不要被一些商家进行引导性的投资。天上永远不会掉馅饼，收藏者莫贪小利，要学会理性投资。

第三套人民币的冠号收藏

今天纸币收藏的时尚潮流中，冠号集藏是一种趋势，大势所趋需顺势而为。

纸币的版本可以体现历史文化，纸币的冠号更能深入地体现历史文化进程。纸币冠号与流水号码的不同体现纸币张张具有"唯一性"，投放有规律可循，在一定程度上可以体现当时某地域的经济发展状况。

比如5角平水164冠字组发行在北方，147冠字组在广东等。依据存世量的多寡能判定当时当地经济发展状况和国民生产水准，由于平水148冠字组多发行在人烟稀少的偏远地区，造成当时没有使用留下来的平水相对较多，其中481、841、814冠字竟然占平水总存世量的70%。这样的巨大的存世量差距很能体现这段历史进程，没有冠号的研究我们无从谈起对这段历史的深刻回顾。

第三套人民币5角券的价值挖掘被许多收藏投资者看好，其中有不少爱好者收集5角冠号大全，随着时间的推移，看好5角券前景的泉友将会越来越多，跟着收集冠号的人也越来越多，由于冠号集藏的难度与乐趣吸引了越来越多的冠号集藏爱好者参与收集，稀少的冠号随着收集人群规模不断扩大，出现"僧多粥少"局面，也只能不断提高收购价格

第三套人民币5角纸币

第三套人民币5角纸币背面局部

达到"收入囊中"的目的，万元珍稀冠号在你争我抢的买卖中不断大幅升值，这种升值是纯自然性升值，市场需求所致，而非所谓的"庄家炒作"。

第三套人民币5角券被一些藏家视为是收藏投资的精品，黑马比比皆是，有稀冠156、097万元珍品，有451渡水王者（市价已达3万左右），有165冠——冲击力十足的潜力品种。其中165冠不仅是156冠的兄弟冠，而且是临界冠号，是普5角整个大系的开门冠号，具备不断上涨的特色与亮点。但是目前市价偏低，后期具备千元冲击力。

收藏第三套纸币5角券要当心赝品，学习识别方法没有捷径可走，主要是通过真品与赝品的比较，多看多观察，找到赝品和真品的差别，就不难发现。

罗马号、轨号与字冠号

第三套人民币有罗马号、轨号与字冠号之说，主要如下：

（1）1960年版枣红1角，俗称"红1角"：三罗马，红三轨（三字冠，七位号码，空心五角星水印，双面凹版印刷，票面正面人物向右，人物前排中间有一干部，其他1角票面正面人物向左，人物前排中间空缺），1962年4月20日发行，1971年11月只收不付。

（2）背绿水印1角，俗称"背水"：三罗马，红三轨（三字冠，七位号码，空心五角星水印，正面凹版印刷，背面胶版印刷），1966年1月10日发行，1971年1月只收不付。

（3）背绿无水印1角，俗称"背绿"：三罗马，红三轨（三字冠，七位号码，无水印，正面凹版印刷，背面胶版印刷），1971年1月只收不付。

（4）三罗马凹版有水印1角，俗称"红三凸"：三罗马，红三轨（三字冠，七位号码，空心五角星水印，凹版印刷），1967年12月15日发行。

（5）二罗马凹版有水印1角，俗称"红二凸"：二罗马，红二轨（二字冠，八位号码，空心五角星水印，凹版印刷）。

（6）三罗马凹版无水印1角，俗称"红三平"：三罗马，红三轨（三字冠，七位号码，无水印，凹版印刷）。

（7）二罗马凹版无水印1角：二罗马，红二轨（二字冠，八位号码，无水印，凹版印刷）。

（8）蓝三罗马胶版无水印1角：蓝三轨（后因需求量增大，改蓝三字冠，七位号码，无水印，胶版印刷）。

（9）蓝二罗马胶版无水印1角：蓝二轨（后因需求量增大，改蓝二字冠，八位号码，无水印，胶版印刷）。

（10）三罗马凹版2角：红三轨（三字冠，七位号码，国旗五角星水印，凹版印刷），1964年4月15日发行。

（11）三罗马平版2角：红三轨（三字冠，七位号码，国旗五角星水印，胶版印刷）。

（12）二罗马平版2角：红二轨（二字冠，八位号码，国旗五角星水印，胶版印刷）。

（13）三罗马凹版5角：红三轨（三字冠，七位号码，国旗五角星水印，凹版印刷），1974年1月5日发行，1991年3月只收不付。

（14）三罗马平版5角，俗称"渡水"：红三轨（三字冠，七位号码，国旗五角星水印，正面凹版背面平版印刷）。

（15）三罗马平版5角，俗称"平水"，红三轨（三字冠，七位号码，国旗五角星水印，胶版印刷）。

（16）三罗马平版无水印5角：红三轨（后因需求量增加，三字冠，七位号码，无水印，胶版印刷）。

（17）三罗马满版五角星水印和古币混合水印1元：红三轨（三字冠，七位号码，空心五角星水印与古币水印混合印刷，正面凹版印刷），1969年10月20日发行。

（18）三罗马国旗五角星水印1元：红三轨（三字冠，七位号码，国旗五角星水印，胶版印刷）。

（19）二罗马国旗五角星水印1元：红二轨（二字冠，八位号码，国旗五角星水印，胶版印刷）。

第三套人民币二罗马红二轨二字冠八位号码1元纸币

（20）三罗马满版五角星水印和古币混合水印2元：红三轨（三字冠，七位号码，满版五角星水印与古币水印混合水印，正背面凹版印刷），1964年4月15日发行，1991年3月只收不付。

（21）三罗马满版五星水印2元：红三轨（三字冠，七位号码，国旗五角星水印，正背面凹版印刷）。

（22）三罗马5元：红三轨（三字冠，七位号码，国旗五角星水印，正背面凹版印刷），1969年10月20日发行。

（23）二罗马5元：红二轨（二字冠，八位号码，国旗五角星水印，正背面凹版印刷）。

（24）三罗马10元：红三轨（三字冠，七位号码，天安门固定水印，正背面凹版印刷），1966年1月10日发行。

（25）二罗马10元：红二轨（二字冠，八位号码，天安门固定水印，正背面凹版印刷）。

第三套人民币的"五珍"收藏

第三套人民币是现有的人民币中流通时间最长的，是我国首次完全独立设计、印制的一套纸币，也是一套政治色彩很浓的人民币。每套人民币中都有其珍品，第三套人民币在收藏界有"五珍"之说，它们都是哪些票券呢？下面具体介绍这"五珍"！

一、1960版"枣红1角"

也就是红1角，俗称"枣红"，1962年4月20日发行。原名称是"干部参加劳动"。枣红1角从发行到1971年11月只收不付，流通使用时间为9年零7个月。枣红1角创造了多个"唯一"。

它是唯一一张第三套人民币1角票面正面人物向右，人物前排中间有一干部的纸币。

它是当时唯一一版纯手工雕刻双凹印制的纸币，也是新中国纸角币中唯一采用干纸正背面双凹印制的纸角币，油墨颜料也是工人们自己研制的永不褪色的色粉。

枣红1角还是唯一一版带有政治色彩并因政治问题被收回销毁的纸币。在20世纪的1966年到1976年（十年"文化大革命"），一切都以政治标准衡量，枣红1角票面正面的图案是"干部参加劳动"，券面图案中的人物自左向右前进，这在当时"左右路线"之争甚嚣尘上的年代，方向向右，被认为犯了严重的"右倾"错误。

在那个年代，右派是被打击改造的对象，枣红1角一度引起了造反派的攻击，被认为是被右派利用的人民币。之后枣红1角遭到严苛的回收销毁，存世量骤减。

枣红1角由于以前的政治因素而引发了今天的升值风暴。如今，枣红1角因其文物价值、历史价值，存世量少，不足10万张，被钱币爱好者公认为珍品，是各路藏家奋力寻求的对象。

二、背绿水印1角

枣红1角被销毁后，经周恩来审定，建议1角币图案主题改版为"教育与生产劳动相结合"。1966年1月10日发行的改版后的背绿1角券有两种，一种是有空心五角星水印的，即背绿水印1角，俗称"背水"；另一种是无水印的，即背绿无水印1角，俗称"背绿"。

背绿水印1角存世量稀少，被钱币爱好者公认为珍品，也是第三套纸币中当之无愧的"票胆"，因此有稳健、可靠、极高的投资回报。

①该票于字体花纹、银行名等票面正面单凹印刷，触摸有较强的凹凸感。②其票面正面人物向左，人物前排中间空缺。③背面图案为国

徽、菊花，主色为深棕色、浅绿色。④故习惯称之为"背绿水印"，亦称币王"背水"。

"背水"常见的冠字有ⅠⅢⅣ（134）、ⅠⅢⅥ（136），这2组的3个冠字，在该组中不论顺序，随意结合，都是"背水"。ⅩⅢⅠ（031）这一组中，除ⅠⅢⅩ（130）和ⅠⅩⅢ（103）这2组，其他4组不论顺序都是"背水"。

由于背绿水印1角券着色较差，纸质单薄，流通中极易与1964年发行的2角纸钞背面颜色相混淆，发行使用时间只有14个月，之后被中国人民银行收回，因此，背绿水印1角券成为第三套人民币中发行量最少、发行时间最短、存世量最少的纸币。

1996年以前，很少有人认识"背水"的价值。当时"背水"与"背绿"的市场价格没什么差别。1996年以后，"背水"受到钱币爱好者的高度重视，市场价格一路走高，直线上涨。

三、1960版古币水印2元

该券又名"车工"券或"车床工人"券，1964年4月15日发行，到1991年3月只收不付，流通使用时间6年11个月。

"车工"有两种：一种是满版五星水印和古币混合水印，习称为古币水印2元；另一种是满版五星水印，习称为五星水印2元。

票券正面图案是车床工人生产作业，象征以工业为主导。票面正面主色是墨绿色和黑色，触摸票正面的花纹有极强的凸凹感，背面图案为国徽、石油矿井作业，背面主色为绿色、粉红色、黑色。

第三套人民币1960年版1元纸币正背面

目前，古币水印2元和五星水印2元在价格上没有明显区别。存世量相对稀少，在18万张左右，被钱币爱好者公认为珍品。

四、1960版古币水印1元

票面正面主色为红色，正面图案为女拖拉机手，象征农业为基础。背面图案为国徽、棉花、梅花、牧场，象征发展畜牧业。背面主色为黑色、红色、蓝色、黄色，分古币水印和空心五角星水印两个版别。这是三版币中较珍稀的品种。

五、1960版五角星水印5元

它是我国纸币中的精品，主图描绘的是工人手握钢钎，钢钎所指之处，配以放射状底纹，使人仿佛看到了画中炉火通红，钢水四溅，轰轰烈烈的炼钢场面，达到了创作艺术与雕刻艺术的完美结合，堪称绝无仅有的杰作，还赢得了国际钞界"最佳钞票及世界最佳纸币"设计大奖。

1角币9个版别的收藏

一、1960年"枣红1角"

1960年枣红1角钱，又被人们称为"枣红1角"，属于我国第三套人民币，发行时间为1967年12月15日，票面尺寸为115毫米×52毫米。正面图案为教育与生产相结合图，主色为枣红色，背面图案为菊花和国徽图案，主色为枣红色。1960年枣红1角是第三套人民币的首发票券。它与第二套人民币中最后一个票券1956年版棕色5元券同时公布发行，是承上启下的过渡性票券。1960年枣红1角因券面图案中的人物自左向右前进，被视为"右倾"，而遭到回收销毁。

二、1962年"背绿水印1角"

此券发行于1966年1月10日，票面尺寸为105毫米×50毫米；字冠号为三罗马七冠号；正面图案为"教育与生产劳动相结合"，背面为国徽、菊花；采用国产空心五角星水印钞票纸印刷；正面采用雕刻版印刷工艺，有凹凸感，背面胶印无凹凸感；票面第六和七根栏杆之间有大写字母"A"字样，"A"的左上方有"J"字样，"A"的右下方有"⊥"字样等暗记。

此券因背面为绿色，且有水印，被藏家称为"背绿水印1角"，但因背面颜色与之前投入使用的绿色2角纸币相似，国家于1967年12月开始回收。它的价值是第三套人民大全套27张币总价的60%左右，俗称"币王"，是第三套人民币中发行量最少、发行时间最短、存世量最少的1角钱纸币。

收藏行业有藏头不藏尾，抓龙头藏品的习惯，造成价格飞速上涨，一张难求的地步，有稀少的10张连号、5张连号，几十连号的背绿水印更是稀少。有了一定量的背绿水印1角，就有了第三套人民币大全套价格的话语权，目前全品单张背绿水印1角市场价格在4万元左右。

三、1962年"背绿无水印1角"

1962年背绿无水印1角钱和著名的背绿水印1角钱同时发行和回收，1966年1月10日发行，1967年12月开始只收不付，停用原因也是与2角券颜色相似，容易混淆。背绿无水印1角流通时间短暂，票面设计及印制工艺与背绿水印1角相同，相比五星背绿水印1角，它的区别是材质中不含有空心五角水印。

背绿无水印1角钱存世量相对比较多，但随着纸币收藏市场的火热，藏家对三版币大全套的热衷追寻，其收藏价格也处于逐年上涨的趋势，增值迅速。背绿无水印1角钱更大的优势在于可以连号批量收藏，这为它日后的升值提供了非常大的含金量。全品单张背绿无水印1角钱市场价格在3600元左右。

四、1962年"红三冠凸版带水印1角"

1962年红三冠凸版带水印1角，发行于1967年12月15日，于2000年7月1日退市；字冠号为红色三罗马七冠号；正面采用雕刻版印刷工艺，用手摸可以明显感觉到凹凸感，背面胶印平滑；票面尺寸为105毫米×50毫米；带有国产空心五角星水印。印刷工艺和暗记特征与背绿水印1角相同。

1962年红三冠凸版带水印1角是背绿水印1角延续下来的1角券版本，印刷工艺和颜色纸张都与背绿水印1角几乎相同，不同的是雕刻版印刷给予了它正面较强的凹凸感，具有较高的观赏价值。

1962年红三冠凸版带水印1角收藏价值大，相对以往的收藏市场，大部分以连号批量的形式交易及收藏，全品百连整刀市场价格在1.8万元左右。

五、1962年"红三冠平版1角"

1962年红三冠平版1角，与1962年红三冠凸版带水印1角同时发行和退市，券面信息基本上与1962年红三冠凸版带水印1角相同。但在印刷工艺上，较之1962年红三冠凸版带水印1角有两点不同之处：1962年红三冠平版1角无水印，同时双面采用胶印印刷技术，平滑无凹凸感。

1962年红三冠平版1角是配套第三套24张大全套和15张小全套主要消耗的对象，市场需求量较大，升值较为迅猛，主要以连号批量形式进行收藏交易，全品百连整刀市场价格在4800元左右，全品千连整捆市场价格在3.2万元左右。

人民币收藏与鉴赏

第三套人民币1962年红三冠1角纸币正背面

246

六、1962年"红二冠凸1角"

1962年红二冠凸1角,较之1962年红三冠凸版带水印1角,券面信息基本上相同,主要不同之处在于:1962年红二冠凸1角无水印,为红色二罗马冠号。

1962年红二冠凸1角属于第三套纸币1角中第五个发行的也是最后一个单正面雕刻版印刷发行的版本,在市场使用和礼品配套中,消耗比较多,目前存世量比较稀少,市场交易往往以连号批量的形式进行,全品百连整刀的市场价格在3500元左右。

七、1962年"红二冠平版1角"

1962年红二冠平版1角,券面信息与1962年红二冠凸1角基本相同,但1962年红二冠平版1角双面都采用胶印印刷工艺,平滑无凹凸感。

根据市场交易信息显示,1962年红二冠平版1角是第三套纸币收藏交易量最多的1角纸币,同时也是配套第三套大、小全套必用的面值,礼品使用上消耗量非常巨大,随着时间的推移,存世量将会逐渐稀缺。收藏的门槛比较低,收藏市场一般以连号批量形式进行交易,1962年红二冠平版1角全品十连张市场价格在260元左右,百连整刀市场价格在2700元左右。

八、1962年"蓝三冠1角"

1962年蓝三冠1角，券面信息与1962年红三冠平版1角相同，主要区别在于1962年蓝三冠1角冠号为蓝色三罗马冠号。1962年蓝三冠1角是第三套各种礼品套配置需要用到的券别之一，消耗量比较大，这些年价格不断上涨。

随着时间的推移，存世量将会越来越少，同时价格会越来越高。目前收藏门槛比较低，可及时入手，按市场价格，全品百连整刀1962年蓝三冠1角价格在2150元左右，全品十连号价格在200元左右，具体根据号码确定。

九、1962年"蓝二冠1角"

1962年蓝二冠1角，券面信息与1962年蓝三冠1角相同，主要区别在于1962年蓝二冠1角冠号为蓝色二罗马冠号。

1962年蓝二冠1角是第三套人民币9种1角纸币最后发行的版本，也是目前市场价格最为便宜的1角纸币，但因礼品配套的需要，同时也是目前消耗最多的三版1角纸币，存世量也处于逐渐减少的趋势，价格优势逐渐体现出来。

1962年蓝二冠1角全品十连号市场价格在190元左右，全品百连整刀市场价格在2200元左右，全品千连整捆市场价格在21000元左右，具体根据号码确定。现阶段收藏门槛比较低，有意愿的藏家以连号批量的形式进行收藏，后续升值价值更大。

第三套人民币1962年蓝三冠1角纸币正背面

第三套人民币1962年蓝三冠1角纸币局部

10元荧光币的收藏

第三版人民币1965年10元券在印制过程中出现了一点意外，造成在后期印制的少部分10元券的背面花边油墨有荧光。

1987年中国人民银行引进两台奇奥利公司的胶凹印机（一台分给北京五四一厂，另一台分给上海的五四二厂）专门用来印制1965年10元券，印制的油墨则由西克巴公司提供。

对于西克巴公司提供的油墨，两厂技术部门只注意了墨色，而对油墨成分中有荧光粉等特殊性能未进行检验，造成了一小部分的10元券背面花边有荧光的情况，后来发现进行了改正，但已经印出的10元券已流到了市场。

该品种就是只印了一年半的"荧光大团结"（枣红1角印了2年，背绿1角印了4年）。它是人民币第三版10元（大团结）中的一个版别。用紫外线直接从正面打光可以看到背面花色的淡绿色的荧光，图案精细，左右对称，十分漂亮；而出现不规则绿色荧光图案的，则是荧光污染，大量三版币均有此种现象，此种荧光污染券与"荧光大团结"有本质的区别。

为此，中国人民银行印制总公司发出银印生一字（89）第200号《关于六五年版十元券背面花边油墨有荧光的情况的函》，函文如下：

总行货币发行司：根据湖南省分行关于六五年版十元券背面花边油

第三版人民币1965年10元纸币正背面

墨有荧光的情况的反映，我们进行了调查，现将情况说明如下：

1987年我行引进国外商奥利公司的胶凹联合机两台，分配五四一厂、五四二厂各一台，按与外商合同规定，该设备试印六五年版十元券。按工艺要求，胶印必须采用紫外光干燥油墨，此油墨应由西克巴公司提供。对该公司提供的油墨，两厂技术部门只注意了墨色，对油墨的成分中有荧光粉等特殊性能未进行检测。我们也未能提醒两厂注意检验。因此，出现了这种情况。据进一步了解，凡紫外快干光幽油墨，均需增加荧光剂，以吸收紫外光，进行快干。该情况的发生，给当前的钞票防伪工作造成了不利的影响，给基层银行的工作带来麻烦。我们要吸取这次的教训，防止发生类似的问题，以确保钞票质量。今后，要严格执行报告审批手续，并经常和你公司取得联系。现将两厂自1987年7月至1989年3月使用该种油墨印制的产品冠字附后，请发行司通知各分行，以便掌握。

在第三套人民币中，"荧光大团结"是一个特殊的品种。可实际上，它在被发现前多年来一直都默默无闻，它的价值一直被埋没。事实上，"荧光大团结"不但题材极佳，而且从未被炒过，是一个量小的绩优品种，一共才10个冠号，与5角渡水冠号数量相同，但目前价格并不太高，可以说是最优秀的币种之一。

现在市场上共有三版大团结，最特殊的就是荧光版，这种有荧光花篮的大团结比普通版的贵百分之二十左右，第三套人民币的荧光版冠号珍惜性是有排名的，顺序如下：99、53、81、96、46、45、50、54、55、56。

2元"车工"币的收藏与防伪鉴定

2元券正面为车床工人图,象征工业为主导,背面为国徽、石油矿井,象征发展能源工业;主色深绿色。2元券于1964年4月15日起发行,1991年3月1日起中国人民银行只收不付。由于是凹版印刷,该券出现了两个水印版。

第一个版本是国旗五角星水印(一个大五角星周围有几个小五角星),被称为五星水印2元券。

俗话说"好券万人争",有投资价值的券自然在市场上面深受藏友喜爱,就好像"车工"2元券一样,现在可是大热大受追捧,身价也升得十分凶猛。

市场上的"车工"2元券现货其实不是很多,虽然价值很高,但是收藏起来很困难。许多藏友为了能够淘到更多的"车工"2元券,甚至已经跨市跨省求收购,规模空前,手段也十分的烦琐,但是这些完全不能阻止大家对于这枚券的热情。

一、2元成绝版钞,身价暴涨

纸币收藏一般以绝版和稀少为卖点,"车工"2元券在所有的2元券里面就拥有了这两个特点。所以,从2元券的收藏来讲,"车工"2元券绝对拥有超值的身价，未来市场无可估量。

二、五星古币水印身价差异巨大

对于收藏车工2元券的藏友，有一点必须注意，五星水印版和古币水印版这两个版本虽然除了在水印上的差别之外，几乎没有任何的差别，但是它们的身价却差距巨大，古币水印版比起五星水印版来说，简直就是珍品中的珍品，让人喜爱非常。

古币水印版"车工"2元券其实是早期的券别，我们很难在往后的钱币里面寻找到古币水印，而且一枚纸币出现两种水印混合使用，在钱币历史上也是绝无仅有的，这为"车工"2元券提供了一个绝对的历史价值，所以收藏更加具有魅力。

三、第三套人民币市场推动"车工"2元身价

进入21世纪后，在整个钱币市场的经济大体系下，可以看到第三套人民币处在收藏的大热时期，市场主要围绕着这一套人民币来走，第三套人民币的所有券别都几乎处于一个上升的阶段。"车工"2元券作为其中的一分子，在身价上有一种持续提升的优势。

第三套人民币在市场上的地位，使得车工2元券的身价也获得提升，可是它能够拥有现今如此之高的收藏价值，更多地依赖它自身的各种历史价值和收藏价值。如不是这些充满魅力的独特性，那么车工2元也会像其他一些券一样，只是第三套人民币里面一枚普通的钞票而已。

第三套人民币1960年版2元纸币"车工"正背面，原尺寸135mm×57mm

2元"车工"币的防伪鉴定

第三套人民币中的2元车工券是收藏者比较喜欢关注的藏品，其图案看来就是一个很不错的藏品。既然2元车工如此有价值，那么掌握其真假辨别方法显得尤为重要。

第二个版本是古币和空心五角星水印（间隔有序排列），被称为古币水印2元券。

鉴别第三套人民币2元车工，可以通过对真假币的大包围花格、"中国人民银行"字体、国徽内的均匀对称小白格子来辨别，同时也可以通过水印来鉴别真假。

①真币，国徽内有均匀对称小白格子；②真币，"中国人民银行"6个字每个字都有微小白格子（像气泡）；③真币，大包围花格内有3条细小白色线条；

①假币，小白格子不对称，不均匀，参差不齐，数量不多。②假币，每个字无微小白格子，全绿黑。③假币，没有3条细小底白色线条，呈一条粗黑色。

还有以下鉴定方法：

一、迎光透视和紫光灯

迎光透视法基本上对于任何纸币都是适用的，因为这是在纸币制作过程中必不可少的步骤。但是"车工"2元券在迎光透视时，无论是真币还是假币，都可以看到水印图案。必须要了解的是，假币在紫光灯下仍然可以看到其水印图案，而真币则不行，这就是突破口，大家在采用这一方法时一定要谨慎小心。

二、大小辨别法

钱币收藏者一定要谨记，真币和伪币的大小是有差别的，这也就是说我们如果能够掌握并了解真币的票幅，就可以很有效又直接地判断出手中持有的是不是伪币。

车工2元真币的大小为135毫米×57毫米，假币通常和它有出入，会比真币宽一些，但是并不是绝对的。藏家只要记准了正确的票幅小，就会判断出其真伪，这是最简单的方法。

三、颜色法

颜色法也是比较简单而直接的方法，真币和假币的色彩是不可能完全相同的。"车工"2元真币票面的颜色比假币的颜色要深一些，最关键的突破口是底纹，真币的底纹是呈现淡绿色的，假币基本上呈现的是白色，总之，假币整体都要比真钞的颜色浅。这一点我们只要通过仔细观察就一定可以识别。

四、凹版技术突破口

"车工"2元真币采用了凹版印刷技术,这种印刷技术会使票面的文字、图案和面值等都呈现凹凸感,并且这些是比较容易用肉眼来识别的。而假钞的票面一般都是比较平滑的,同时也不会有凹凸感。我们只要用手和眼睛通过触觉和视觉就可以达到鉴别真伪的目的。

枣红1角真伪的鉴别

枣红1角使用了双面凹板印刷工艺，正面和背面的花纹看上去都有一定的立体感，而且底纹的颜色呈现出自然渐变的现状，线条看起来也非常清晰，每一条花纹都是由多条平行的线条组合在一起而成的。假冒的枣红1角，经常会呈现比较模糊的一片，根本就没有办法看出里面的线条。收藏爱好者在购买第三套人民币枣红1角的时候，一定要十分重视。

①真正的枣红1角上面的冠字号码都是使用钢印模打上去的，用双手触摸时就可以明显感觉到凹凸不平，②花纹表面的水印如果对着光照射，就可以看到表面上的五星轮廓。这是我们在收购第三套人民币枣红1角时必须要掌握的。③真币上面的"中国人民银行"还有"一角"这两个部位，都可以感觉到明显的凹凸感，但是假币就非常光滑。④真币正面的人物像看起来颜色非常鲜艳，而且人物线条也具有一定的立体感；⑤枣红1角水印的位置并不是固定的，但是都可以看到空心五角星水印。

A假冒品就不会有这种的触感，而且全新的假币看上去比较的光滑，"中国人民银行"这几个字及颜色比较偏浅，也不会呈现出油墨所具有的凹凸感，右侧的花纹看起来没有一点层次感。B假币的没有立体感，并且颜色也比较暗淡。

希望大家在收购第三套人民币枣红1角时一定要仔细辨别。

收藏投资如何辨别真伪

随着第三套人民币收藏逐渐火爆起来，市场上的赝品也层出不穷，尤其是高仿品，甚至可以仿造出10元纸币上天安门闪光芒的水印，几可乱真，往往导致被仿造的品种有价无市。因此，真伪辨别对于藏家来说就显得极其重要。结合专家整理总结的经验，讲几个基础的辨伪方法：

方法一：印刷分辨法

第三套人民币真钞的正背面图案均为雕刻凹版印刷，人物的头发根根清晰可辨，线条光洁凸立，仔细摸能够感觉到人像上每根头发的纹路。

假钞系平印印刷、四色套印，所以图案着墨不匀、纹理不清晰，纸纹同样是由网点组成，如借助8倍左右的放大镜观察，就能发现直线或曲线都是由一个个小点拼成的，杂乱错落无序。

方法二：纸张分辨法

真钞用纸是专用的造币纸，手感薄，整张币纸在紫外线下无荧光反应。币纸中不规则地分布着黄蓝色荧光纤维，日光下肉眼可见，在紫外线下纤维有荧光反射。

假钞则是用的普通胶版纸或普通书写纸，手感较厚，表面平滑，在紫外线下币纸呈现白色荧光，且无黄蓝色荧光纤维。

方法三：水印分辨法

真钞水印是造纸过程中趁纸浆未完全吃水、干燥之前经模具挤压形成的，层次过渡自然，富有神韵，图像清晰，立体感强。

假钞水印由手工制作，质量低劣，致使具有水印一端的假钞纸张发皱不平。

辨别第三套人民币的真伪，需要熟悉真币特征，并与赝品比对研究，找出它们之间的细微差异，了然于胸后，再进行收藏投资，方可少交学费。

第三套人民币的水印和暗记

第三套人民币有很多分类方法，其中水印有星水印、星币图水印和无水印之分。

第三套人民币各券种的水印如下：

（1）10元，天安门固定水印。

（2）5元，满版五星水印。

（3）2元，满版五星水印、五星水印和古币水印混合水印。

（4）1元，满版五星水印和古币水印混合水印、满版五星水印。

（5）5角，有凹版、满版国旗五星水印与无水印。

（6）2角，特制棉纤维纸，有国旗五星水印"凹版"与国旗五星水印"平板"。

（7）1角，特制棉纤维纸，有空心五角星水印与无水印，有红字冠与蓝字冠，有凹版与平板。

此外，第三套人民币的暗记也是收藏投资的必须学习的知识，对于辨伪鉴真十分重要。第三套人民币各主要券别的暗记如下：

（1）10元暗记：背面有"工""人"二字暗记，分别藏于天安门右侧华灯柱子之右和天安门左端边缘处，天安门右侧华灯柱子右上还有"Z"字母暗记。

第三套人民币1元纸币满版五星水印局部

第三套人民币1元纸币满版五星水印局部

第三套人民币1元纸币背面满版五星水印局部

（2）5元暗记：背面主景为露天煤矿，以"天"字作暗记。背面行长之章右上角有字母"H""J"暗记。

（3）2元暗记：背面石油钻井架下，草丝中藏有一个"2"字和"R"（由于2元背面为凹版印刷，请使用显微镜观察）。

金投外汇网第三套人民币大全套报价(2019年12月18日)

第三套人民币类别	面值	发行年份	市场参考价格	备注
1分	0.01元	—	0.4～0.5元	整包
2分	0.02元	—	0.8～1元	整包
5分	0.05元	—	3000～4500元	整包
枣红1角	0.1元	—	500～3000元	单张
背绿水印1角	0.1元	—	3000～25000元	单张
背绿无水印1角	0.1元	—	400～2000元	单张
蓝二冠1角	0.1元	—	1.5万元	整捆
蓝三冠1角	0.1元	—	1.5万元	整捆
红二罗1角	0.1元	—	7～10元	整捆
红三罗1角	0.1元	—	10～15元	整捆
红二凸1角	0.1元	—	10～15元	整捆
红三凸水印1角	0.1元	—	60～80元	整捆

续表

第三套人民币类别	面值	发行年份	市场参考价格	备注
二罗马2角	0.2元	—	7~10元	整捆
三罗马2角	0.2元	—	7~10元	整捆
平版5角	0.5元	1965年	30~35元	百连
平版水印5角	0.5元	1965年	180~330元	百连
凸版水印5角	0.5元	1965年	35~40元	百连
二罗马1元	1元	1962年	30~40元	百连
三罗马1元	1元	1962年	35~50元	百连
二罗马5元	5元	1960年	170~200元	百连
三罗马5元	5元	1960年	180~200元	百连
二罗马10元	10元	1965年	140~170元	百连
三罗马10元	10元	1965年	150~170元	百连
三版大全套	—	—	1万~2.5万元	单套

第九章 第四套人民币的相关知识

第四套人民币
发行的背景

第四套人民币从1987年4月27日开始发行，至1997年4月1日止，共发行9种面额，14种票券。其中1角券1种，2角券1种，5角券1种，1元券3种（1980年版、1990年版、1996年版），2元券2种（1980年版、1990年版），5元券1种，10元券1种，50元券2种（1980年版、1990年版），100元券2种（1980年版、1990年版）。

第四套人民币是20世纪80年代改革开放的产物，该套人民币伴随着中国经济的起步和飞速发展应运而生，其大幅调整了面值，由第三套人民币最高面值10元，调整到最高面值100元，其中还增加了50元的高面值。

图案也作了较大的调整，100元纸币中加入了毛泽东、刘少奇、周恩来、朱德四伟人像；50元中将过去知识分子加入工农行列，表现了一个拨乱反正时代的到来。同时，1角、2角、5角、1元、2元、5元等各种票面大量加入两人一组的少数民族人物头像，既可很好地表现民族大团结的主题，又能从少数民族的服装、头饰、形象等多方面增长知识，获得审美愉悦。此外，大面值人民币的背面还加入了祖国的山水风景，表现了祖国大好河山的壮阔和美丽。

第四套人民币1角纸币正背面

　　第四套人民币是筹划设计时间最长的一套人民币,从1967年1月中国人民银行总行提出设计第四套人民币的设想,到1985年5月定案,历时18年,这期间经历了曲曲折折,排除了各种极左干扰,最终避免了第四套人民币在设计上的"灾难"。

　　1967年1月,中国人民银行总行向国务院反映了湖北机械学院部分群众对人民币1元券图案中天安门上没有毛主席像、红旗和标语提出尖锐批评的情况,同时提出了新版人民币的设计设想。2月,李先念批

第四套人民币1元纸币正背面

示:"应准备一套新版人民币,设计图景要多反映些生产关系方面的题材,克服第三套人民币生产力题材多的问题。"

1968年7月16日,中国人民银行总行第一次向国务院报送新版人民币设计方案初稿,主要以"三突出"(突出毛主席的光辉形象,突出毛泽东思想,突出毛泽东的革命路线)和"两个反映"(反映"无产阶级文化大革命",反映社会主义革命和建设)为主题思想,当时受到周总理的严肃批评。

1969年4月8日,中国人民银行总行第二次向国务院上报新版人民币设计稿,票券画面主要是反映极左的内容,仍未获批准,后因林彪反党集团覆灭而作罢。

1975年11月18日,财政部(当时中国人民银行与财政部合并)第三次向国务院上报设计印制新版人民币的报告,设计方案的图稿主要反映社会主义新生事物和工农兵形象,如知识青年上山下乡、工农兵上大学、农业学大寨、工业学大庆等。但未被中央批准,一放再放。

以上上报的三套方案内容均是"文革"极左思想的反映,在党中央、国务院的正确路线指导下,均被排除,避免了极左思潮反映在国币上。

1977年11月15日,财政部再次上报关于设计新版人民币的报告,详细陈述了设计新版人民币的必要性和可能性,很快于11月21日获中共中央政治局审查批准。

第四套人民币的设计

1978年4月，根据党中央和国务院关于设计新版人民币的决策，中国人民银行总行首先组织印制系统专业技术人员进行研究。同年11月，在中央美术学院和中央工艺美术学院领导的支持下，由罗工柳、周令钊、侯一民、邓澎、陈若菊等组成专家组，印制系统专业设计雕刻专家张作栋、石大振、刘延年等参与，开始重新设计第四套人民币。

专家们经过集思广益，确定了设计指导思想和设计思路，最后完成设计方案。第四套人民币辅币票面的纹饰全部采用富有民族特点的图案，背面衬托主景国徽的是少数民族图案。

1979年12月8日，中国人民银行总行上报第四套人民币彩色设计稿（当时没有50元和100元券），12月20日经国务院原则批准。

1983年2月24日，中国人民银行总行向国务院上报关于印制发行第四套人民币的报告，同年3月3日国务院核准印制。

在第四套人民币设计过程中，1981年7月6日，中国人民银行总行就根据市场货币流通量猛增的实际情况，指示设计三种大面额票券，即20元、50元、100元，由北京印钞厂设计为以泰山、新华门，人民大会堂、三峡，天安门、长城为正背面主景的三种票券。11月4日中国人民银行总行正式上报关于印制发行三种大面额票券的报告，详细陈述理由，但此件未被批准。

1984年2月29日，中国人民银行总行再次上报印制大面额票券的报告，3月4日国务院批示："同意付印，何时发行另行报批。"10月23日，中国人民银行总行上报关于公布新版人民币时间及改变大面额票券设计主题的请示，陈述了原设计三种大面额票券与批准的1角至10元券设计主题不一致，重新组织专家设计，并取消20元券；50元券正面用工人、农民、知识分子头像，背面用黄河图；100元券正面用毛泽东、周恩来、刘少奇、朱德四位领袖像，背面用井冈山全景，并将两张票券作为第四套人民币的配套面额。

1985年5月，国务院常务会议讨论批准。至此，第四套人民币整套设计完成。

第四套人民币的雕刻

手工雕刻凹版印刷工艺一直是国际上通用的钞票防伪的重要手段，它的主要特点是墨层厚，手感强，难以复制。人民币的主景图案都是采用手工雕刻凹版印刷，尤其是1990年版50元、100元券，正背面主景及装饰花边、花球、面额文字等凹印部分版纹加深，使手工雕刻凹版印刷图案更具有立体感。

由于第四套人民币各票面全部采用人物头像做主景，因此，对凹版雕刻工艺的要求也比前几套人民币要高得多，不同民族，不同年龄、性别，不同身份，不同服饰的人物，都要通过各种不同的刀法加以细致的刻画和区别。这从各个票券的票面上可以看到，一幅幅手工雕刻凹版印刷的人物头像，线条清晰，刀法流畅，很好地体现了人物的精神风貌，每一幅头像都是一件精美的艺术品。

参加全套票券正背面雕刻的艺术家有高振宇（1角券正面，50元券背面）、苏席华（10元、50元、100元券正面）、宋广增（5角券正面）、李斌（2角、1元、5元券正面）、徐永才（2元券正面）、吴依正（5元、10元、100元券背面）、花瑞松（1元券背面）、薛书桐（2元券背面），参加装饰雕刻的有赵亚云、谭怀英、耿生发、马建玺等。

第四套人民币在制版和印刷工艺上主要采用套印对印技术和平凸版接线技术等，大大提高了人民币的防伪功能。这些印制技术下文有详细介绍，不再赘述。

第四套人民币版别

第四套人民币类别　正面、背面图案　色彩　发行时间

1角 高山族、满族人物头像；国徽、民族图案 深棕 1988.09.22

2角 布依族、朝鲜族人物头像；国徽、民族图案 蓝绿 1988.05.10

5角 苗族、壮族人物头像；国徽、民族图案 紫红 1987.04.27

1元 侗族、瑶族人物头像；长城 深红 1988.05.10

2元 维吾尔族、彝族人物头像；南海"南天一柱" 绿 1988.05.10

5元 藏族、回族人物头像；长江巫峡 棕 1988.09.22

10元 汉族、蒙古族人物头像；珠穆朗玛峰 蓝黑 1988.09.22

50元 工、农、知识分子头像；黄河壶口 黑茶 1987.04.27

100元 毛、周、刘、朱浮雕像；井冈山 蓝黑 1988.05.10

第四套人民币的图案特点

人民币是我国的法定货币，因此，画面的设计从政治上说要庄严，体现出人民当家作主的含义，体现各族人民的大团结；从形式上说要有中国的民族特点，要有较高的艺术性，同时还要适应形势，体现出国家的发展变化，表现出社会主义建设和科学技术新成就。

第四套人民币的图案设计充分地体现了这些特点，这套人民币整套票券设计思想的共同主题是：全国各族人民在中国共产党的领导下，精神焕发，为建设社会主义现代化国家而努力奋斗。为此票面以大幅人物头像为主景，具有较好的防伪效果。

100元券采用四位领袖浮雕像，这不但是中国共产党始终坚持马列主义和毛泽东思想的形象表现，同时也记录和歌颂了中国共产党领导中国革命的光辉历史；50元券正面主景是工人、农民、知识分子头像，体现了我国宪法规定的"中华人民共和国是工人阶级领导的，以工农联盟为基础的人民民主专政的社会主义国家"和"社会主义的建设事业必须依靠工人、农民和知识分子，团结一切可以团结的力量"的国体和政权性质；从10元券开始到1角券，正面主景都是我国有代表性的民族人物头像，每张票面两人，栩栩如生。

第九章　第四套人民币的相关知识

第四套人民币1元纸币局部少数民族人物肖像

　　这些民族人物头像是多民族国家的象征，不仅反映了我国各民族的大团结，而且反映了各族人民意气风发、斗志昂扬的主人翁精神。所有票券上面的人物绘画均出自侯一民之手。

　　除正面人物头像外，第四套人民币主币背面主景取材于我国的名山大川，100元券为"井冈山主峰"，50元券为"黄河壶口瀑布"，10元券为"珠穆朗玛峰"，5元券为"长江巫峡"，2元券为南海"南天一柱"，1元券为"长城"。这些主景与正面主景相呼应，共同强调主题。

第四套人民币票面的纹饰也全部采用富有民族特点的图案。辅币背面衬托主景国徽的是少数民族图案；50元券和100元券背面衬托国徽的则是汉族古代纹饰。特别是10元券到1元券四张主币，正面衬托面额的纹饰更为生动：10元券是"凤凰牡丹"，5元券是"仙鹤松树"，2元券是"绶鸟翠竹"，1元券是"燕子桃花"。

这些都是我国人民喜闻乐见的象征吉祥喜庆的民间艺术图案，在造型上又采用了装饰性的表现手法，鲜明、活泼。其他纹饰也取材于各民族中的生活图案，生活气息浓厚。所有这些纹饰，与正背面主景表现的主题思想融为一体，表现出鲜明而独特的民族风格。

第四套人民币的
文字特点

第四套人民币除了在图案和纹饰上做了精心设计外，在文字的采用及规范化、标准化上也做了认真调整。全套票券不仅继续采用蒙族、藏族、维吾尔族、壮族四种少数民族的文字，以方便少数民族地区人民的使用，而且又在1元券以上主币上增印了盲文符号，体现了党和政府对残疾人的关心。第四套人民币还吸收了国家对汉字整理和简化的成果，在票面上全部采用了规范化汉字，但字体仍沿用马文蔚先生的"张黑女"碑体。

一、改繁体字为简体字

例如"中国人民银行"行名中的"國"和"銀"二字，6种主币面值的"圓"字，都分别改成了"国""银""圆"。

二、改异体字为正体字

原来流通的人民币2元、2角、2分券的"贰"字中间的两横在"弋"上，即"贰"，现改成规范的正体字"贰"。

第四套人民币2元纸币局部改成规范的正体字"贰"

第四套人民币1980年版1角纸币局部,其使用了新字形"角",中间一竖出头

三、改旧字形为新字形

原来流通的人民币辅币1角、2角、5角券的"角"字写成"角",中间的一竖下不出头,后根据文化部、文改会1965年联合颁布的《印刷通用汉字字形表》,使用了新字形"角",中间一竖出头。

第四套人民币的防伪特点

第四套人民币在印制工艺和防伪功能上也有新突破：

一、在纸张上加强了防伪

纸张是印制钞票的主要材料，人民币纸张的主要成分是短棉绒，纸张光洁、坚韧、耐折、挺度好，并有一定的抗化学腐蚀性，可以在较长的时间内使用而不易损坏。第四套人民币除三种角币没有水印外，主币均采用水印防伪。1元到5元券采用方圆古钱四方连续水印钞票纸，由胡福庆设计绘制。

10元到100元券采用固定人物头像水印钞票纸：10元为"陕北农民头像"，50元为"炼钢工人头像"，100元为"毛泽东侧面浮雕像"。人物头像水印与几何图案水印不同，它不仅要表现线条，而且要表现出明暗层次，因此其工艺技术也要复杂得多，这也是我国钞票纸生产工艺的一大进步。这些固定水印头像均由侯一民、邓澎设计绘制，参与水印图像雕刻的有郑新臣、胡福庆、骆富文、夏冠英等。

第九章　第四套人民币的相关知识

第四套人民币10元纸币陕北农民头像水印

第四套人民币50元纸币炼钢工人头像水印

第四套人民币100元纸币正面局部毛泽东侧面浮雕像水印

第四套人民币100元纸币背面局部毛泽东侧面浮雕像水印

285

在纸张中设有安全线也是纸张防伪的主要措施。1990年版100元券、50元券新增加了金属安全线，它是在造纸时加入的，含在钞票纸中，而不是印在票面上，迎光透视肉眼即可看到安全线贯穿于票面右侧的钞纸中。

二、加强了油墨防伪

油墨是钞票印制中的主要构成成分之一，第四套人民币使用了多种防伪油墨，如无色荧光油墨、同色异谱油墨、磁性油墨等。

无色荧光油墨是一种本身无颜色，但在紫外光照射下能发出明亮荧光的油墨，如1990年版100元、50元券的正反面都有用此油墨印的阿拉伯数字和汉语拼音面值，在紫外光下发出黄色荧光清晰可见。

同色异谱油墨在太阳光或灯光下与一般油墨没有区别，但在紫外光下就会发亮或变成另外一种颜色。例如：1元券正面中间部位平凸印的黄绿色的桃花树干；2元券正面中间部位平凸印的土黄偏绿色的翠竹竹干；5元券正面中间部位平凸印的橘红色花纹（即仙鹤的头顶、颈、翅膀）；10元券正面中间部位平凸印的橘红色的凤凰；50元券背面右上角衬托面值平凸印的橘红色花团，即"50"面值部位的橘红色；100元券正面四领袖像左边橘红色的花纹，都采用了同色异谱油墨。

磁性油墨需要专门的仪器才能检测出来，第四套人民币各票券的号码及50元券、100元券正面下边颜色较深的花边都采用这种油墨。

三、在制版和印刷工艺上加强防伪

第四套人民币在制版和印刷工艺上主要采用手工雕刻凹版印刷、凹印接线技术、套印技术对印技术和平凸版接线技术等，大大提高了人民币的防伪功能。

凹印接线技术是钞票的一种专用印制技术，其特点是色彩较为明显，颜色衔接自然过渡，无漏白，无错位，线条在高倍放大镜下观察成线状。

套印、对印技术就是采用一些特殊的工艺，使钞票正背面图案一次印刷成形，使特定部位的图案正背面完全重合。例如：1元券、2元券、5元券正面左下角的小花束和背面的小花束完全是对应吻合的。

平凸印接线技术是目前人民币采用的比较可靠的防伪技术，它的特点是在一条完整的线上印几种不同的颜色时，不产生重叠、缺口现象。

上述所有先进印刷工艺和新型印钞材料的采用，大大提高了第四套人民币的防伪性能，它标志着我国的印钞造币技术已达到了世界先进水平。

第十章 第四套人民币的收藏

第四套人民币大全套收藏

2002年国家发行了一次第四套人民币大全套，当时发行量特别少，在全国范围内只有10万册出售。它的总面值加起来只有1200元左右，虽然它的价值并不高，但它包含9种面值14种版别，其中最受欢迎的1980年以及1990年发行的100元纸币在内，真正地体现了大全套的"全"字。

第四套人民币大全套发行后，没有引起藏家的注意，还有一部分持有者没有看到它的价值，把这些钱币拿出来分别进行出售，使本来发行量就较低的大全套在收藏市场上的数量越发少了。几年之后，大家没有想到的是，这本大全套突然出现了几千元几千元上涨的现象，导致很多收藏者开始后悔。

其实，这本大全套有十分特殊之处，它每一套都有自己的编号，而且编号与大全套内部的人民币的后四位数字是相对应的，可以说是十分少见的一种收藏品。

当收藏者再次发现第四套人民币大全套的亮点时，它的价格已经提高了不少，而且想要收藏到它也有了一定的困难，随着收藏市场上求购者人数的增多，已经出现了供不应求的局面。这样的局面就是使藏品快速升温的导火线！有藏家预言，第四套人民币大全套未来的价格将持续不断地大幅上涨，尤其是当第四版人民币退出流通市场之后。

第十章　第四套人民币的收藏

第四套人民币纸币尾号四位后同号

1980年1角
三大荧光版收藏

青天白日币是指第四套人民币1980年版1角纸币，它在荧光灯下通体透亮，白色泛青而得名。称为青天币、青天祥云币、青丝币。

青天白日币在荧光灯下有三种图案：青丝、正祥云、背祥云。

一、青丝

它在荧光灯下能清晰地显现出一根根青丝，并且十分明亮，这是鉴别真假青天白日币的试金石。

青天白日币整刀整捆不用拆，在荧光灯下一照就一目了然，里面哪怕只有一张假币都能清楚发现。这种纸币难以仿制，就算仿制，也很容易被识破。

二、正祥云

为了试验水印防伪替代技术，国家唯独在四版"青天白日币"中，使用了无色荧光祥云图案钞纸。正祥云图案在1角币正面满版存在，影响

第四套人民币1角纸币

第四套人民币1980年版1角纸币背面

正面主图效果。由于印钞纸只有一面有祥云图案，工人在普通日光下印刷时难以区分哪面含有祥云，所以产生了正面祥云币和背面祥云币。也有一种说法，当时要试制正反面祥云效果，所以把正反面祥云随便放，才有今天的效果。

有部分爱好者不喜欢正面祥云币，故其价格仅高于青丝，不足背面祥云币价格的一半。但它是祥云币的一种，升值潜力十分巨大。

三、背祥云

背面祥云币是人见人爱的品种，它存在于青天白日币的背面边框内，很好地衬托了背面主图。在荧光灯下展现十分震撼的荧光效果，犹如巧夺天工的绝作，神化般的美景，高科技的结晶，使人梦寐以求。市场上很难见到百连祥云，满版背祥云更是到了十连难求的境地。

人民币收藏界不主张将祥云细分成满版、强祥、弱祥，初入者不必去追求满版强祥云币，只要是绝品祥云币就行，因为祥云币量太少，过分追求高精尖、吹毛求疵将会失去很多入手机会。机会不等人，错失良机，遗憾一生。

初入收藏者应从青丝币做起。因为青丝币是基础币，现在价格不算高，供过于求，资源大，投资收益不一定会低于祥云币。

青天祥云币存世量大概60万枚。WA冠号20万枚，WC冠号25万枚，WD、WB冠号各5万枚左右，WH、WG、WE冠号各2万枚以内。青天祥云币存世量冠号WC的最多，可能占祥云币的百分之六十以上，之后WD、WA、WB、WE、WH、WG、ZI、ZJ依次排列。

青天白日币从2012年10月份发现到现在，得到人民币收藏界的广泛认同，其价格大有领头羊的气势，价格走势独树一帜，独立于整个收藏板块。这一局面得益于青天白日币的天生丽质，得益于广大藏友的支持，得益于一批青天白日币的发掘者、研究者、探索者和推广者的辛勤努力。

1980年版2角币的收藏

1980年版2角券（又作1980年2角纸币，俗称"8002"）发行于1988年5月10日，正面图案是土家族姑娘和朝鲜族姑娘的头像，主色为蓝绿色。

1980年版2角券本身其实就具备了一定的收藏优势，要不然仅凭借一个存世量稀少的条件，如此小面值的人民币怎么可能成为收藏的焦点。

第四套人民币2角纸币

第四套人民币2角纸币背面

  1980年版2角券符合绝版币的条件——一个已经不再发行和流通使用的面值。这一点从它在10多年前就被宣布只收不付之后就可以看出来，也可以从第五套人民币的面值结构取消了角币这一身份看出来。和其他的角币相比，1980年版2角券更早退市，注定了它的收藏潜力更优于其他的角币，未来的升值空间可能更大一些。

1980年版5角币的收藏市场分析

1980年版5角券，于1987年4月27日同1980年版50元券首批发行，为无水印纸，主色调为紫红色，单张票幅为125毫米×58毫米，采用胶印四色印刷。正面主景为苗族、壮族妇女人物头像，背面以多色套印民族图案衬托出国徽。冠号油墨为红色磁性防伪油墨。

1980年版5角券在设计印刷技术上达到了很高的水平，主要采用的是套印对印技术和凸版接线技术，与前几套相比是截然不同，这样的技术不仅增加了观赏性，同时也大大地提高了防伪能力。

第四套人民币1980年版5角券收藏市场分析着眼于两个方面：

一、收藏门槛较低

2018年5月1日起，我国第四套人民币部分币种停止流通兑换，但其中不包括1980年版5角券，这也就意味着它还将和第五套人民币一起，在我们的社会中发挥作用，因此，它的市场价值接近面值，收藏门槛较低，非常适合藏家以刀货、箱货的形式进行收藏。

第四套人民币1980年5角纸币

第四套人民币1980年5角纸币背面

二、5角纸币的"关门币"

结合第一点，考虑到我国第五套人民币可能不再发行新的5角纸币，而是继续沿用第四套人民币1980年版5角券，这是否意味着我国流通市场将逐渐消耗完5角纸币？当人们日常使用5角纸币越来越少的时候，中国人民银行将大有可能落地实行面值低于1元的人民币硬币化，从此不再发行5角纸币。

如果是这样，这枚1980年版5角券可能会成为5角纸币的"关门币"，因此，行业内有藏家看中这一点，对它投入更多的投资热情。

收藏1980年版5角纸币首先要学会真伪的辨别，应关注其不同版式的细节：

版式一：在5角币的反面，国徽左边八角形的民族图案处的右上角有一小段竖线未印，在上面的八角形左下侧，竖的长方形缺少左下角，变成了竖着的阶梯形。

版式二：与上面版式一相比，反面国徽左边八角形的民族图案处右上角完全连接，没有遗漏印线段，阶梯形变成了长方形。这些版式细节需要借助放大镜，仔细观察才能看到，否则不容易发现。

版式三：它与前两个版式产生了荧光反应，在国徽处有一条像光芒的橘红色的线条，在紫外线下可以发出橙色光芒。

版式四：与版式三相似，但在紫外线下发出无任何的荧光反应。

了解这些不同的版式，对于鉴真辨伪是有帮助的。同时，收集不同版式的人民币，也是收藏一乐。

1980年版5角币的收藏投资价值

判断第四套人民币1980年版5角券的投资收藏价值，可以从冠号、号码、荧光特点这些方面去判断。

一、从冠号上判断

第四套人民币1980年版5角券目前有二冠号和三冠号，其中早期的是二冠号，市场交易价格较高；三冠号是刚刚发行的，交易价格接近面值，市场交易一般以全新品相的整捆整件整条形式交易。第四套人民币1980年版5角券一共发行过800多个冠号，其中稀有冠号的最新市场价格为：JZ=500元，JW=30元，ZO=450元，JX=1500元，CP=65元，ZW=35元，JI=35元，NO=19元，ZX=120元，JJ=110元，ZI=35元，ZY=300元，JH=10元，ZJ=25元，JU=80元，ZN=40元。

基于第四套人民币1980年版5角券的市场现状，考虑1980年5角券收藏价格的主要因素之一，就是冠号，不同冠号价格相差百倍甚至千倍。

第十章　第四套人民币的收藏

第四套人民币1980年5角纸币3张不同号

二、从编号上判断

单张第四套人民币1980年5角券价格没有连号的贵，连号的越多价格越高。其中"豹子号"人民币价格比较高，收藏价值大，类似111、222、333、444、555、666、777、888、999、000等整捆出的原组豹子号也有收藏价值，且号码越多价值越大。三豹子号没有四豹子号价格高，依次类推，最大的是八豹子号，类似CP11111111，单张价格5000元左右。号码越小的价格也越贵，类似CP00000001这样的称为"开门号"，单张价格也几千元，甚至上万元，具体价格以交易价格为准。

三、从荧光上判断

根据行业信息总结，可以从下面这些不同荧光版别去判断1980年版5角券的收藏投资价值。

（1）满荧光

国徽呈橘红色荧光，国徽两侧呈粉红色荧光，主要集中在SJ76段、YG15段、QF20段、QI52段。

（2）荧光一边强一边弱

主要集中在XI09段、SM32段。

（3）两边荧光

国徽无荧光，国徽两侧呈粉红色荧光，主要集中在WG7-8-9段、WF5-7-8-90段，以及PB58头、PA10头、PC35头、PD43头。

（4）红太阳

5角周围部分紫红色荧光，主要集中在PD25头、32头、55头、68头、71头，PC37头、39头、68头、91头，PE55头。

（5）极品东方红（精品版）双面红荧光

正面满版红荧光，冠号数字特强红荧光。这品种与"极品中国红"非常相似，常产生于同一冠号，同为鲜红色荧光。不相同之处为这品种背面左边无荧光，背面荧光形态与"东方红"相同。亦有含荧光纤维和不含荧光纤维的区别。

（6）纤云（精品版）红荧光与白荧光并存，亮光型与普光型同在

背面中间红荧光在白荧光的包裹下发出美丽的红光，十分漂亮。其纤维特征为成条状、丝状，形态多为自然弯曲；背面众多、密集的纤维，相互重叠并交织在一起，组成"纤云"。

（7）大雪无痕（精品版）

钞纸荧光与油墨荧光相结合；正面满版红荧光中透着白荧光，相互辉映。其纤维特征为双面满版荧光纤维，长条型、片型、圆型的都有，很密，好似三九严寒冬天里的雪花，漫天轻扬。

（8）黑砂弄巧（精品版）

双面白荧光，正面冠号数字为红荧光，双面荧光纤维，荧光钞纸，品种为黑砂钞纸。背面外框无论是在日光下，还是在荧光下，均能清晰地看见固定性黑砂和细小的流动性黑砂。黑砂弄巧是非常珍贵稀少的品种。

不同的冠号、号码、荧光，有不同的价值，这也是为什么同样的5角纸币，有人卖高价还有人抢购，有人标低价也无人问津的原因。

1990年版1元券的收藏

第四套人民币1元券,于1988年5月发行,可以分为1980年版1元、1990年版1元及1996年版1元。其中1990年版1元和1980年版1元的票面图案颜色是相同的,1996年版1元正面主色稍红,钞票号码为黑色。

1元券的正面图案是侗族和瑶族妇女的头像,左边是燕子、桃花图。背面的图案是万里长城,它好似一条巨龙,盘旋起伏于群山峻岭之巅,气势非常磅礴,雄伟而庄严。

1990年版1元券从历史意义上来说,不如1980年版的历史久。它是1994年由中国人民银行开始制造生产的,1995年开始发行并在市面上流通,但是时间不长,在1997年就出台政策宣布停止生产,1997年4月1日被1996年版1元券代替,流通仅仅2年零1个月,是第四套人民币15个币种中流通时间最短的币种,并且永远退出了历史的舞台。

所以,1990年版1元券真正在市面上流通的时间只有3年左右,3年的时间相当短暂,目前在市面上留存下来的数量非常少。20世纪90年代正是我国出台政策鼓励人们"下海"经商的时候,在当时由于经济上的飞速发展,以及在市面上对这枚纸币的流通需求比较高,才导致如今残留稀少的局面。

第四套人民币90版1元纸币

第四套人民币90版1元纸币背面

  1990年版1元券是由知名设计师设计的，版面精美而且与众不同，色彩方面选择红色，背景选用特别喜庆的喜鹊衬托，所以在当时受到很多人的欢迎，更一度成为千家万户逢年过节包红包的首选纸币。

  1990年版1元券是正面凹版，背面胶印的币种。

由于1990年版1元券发行和流通的时间比较短,因此目前市面上还有不少品相完美并且冠好的纸币,可以供大家收藏选择。在市场低谷时以比较合适的价位入手有特色的1990年版1元人民币纸币,可静待未来行情爆发时获得好的回报。

2元币的收藏

说起2元面值的人民币，我们的记忆也都还停留在第四套人民币上，因为在第四套人民币之后，我国就没有再发行过2元面值的人民币了。因此，第四套人民币2元券也将成为最后一版2元面值人民币，2元时代就此结束。

目前，小额货币硬币化及电子交易化是国内流行的趋势。如今物价上涨得较快，小面额的人民币应用量不高，加之造币厂的印刷成本也高，导致2元人民币的应用频率进一步降低。

据了解，每一年中国人民银行回收接管的呈现残破、污渍的人民币，2元人民币残币是比较多的。据此，1999年6月30日国务院第268号决议停止发行2元人民币，尔后的时间里，第四版人民币2元券实行只收不付，因此第四版人民币2元券渐渐地淡出了钱币流通领域。

众所周知，第四套人民币2元券有两个版本，一枚是在1988年5月10日发行的，俗称"802"；另一枚是在1996年4月10日发行的，俗称"902"。其整体色彩为绿色，正面图案为维吾尔族和彝族妇女头像，并在其左配以"绶鸟翠竹"图，绶鸟有吉祥、富贵之意，而"绶"与"寿"谐音，竹则象征高风亮节、刚正不阿。在图案上方还有中华人民共和国国徽和"中国人民银行"字样，表达着全国各族人民团结一致，在中国共产党领导下共同建设中国特色社会主义，开始幸福生活的寓

第四套人民币80版2元纸币正背面

意。背面图案则采用了海南著名的旅游胜地"南天一柱"图景。

虽然这两个版本的2元人民币正面图案是相同的，但是背面印刷方式是不同的。"802"的背面图案为凹版印刷，"902"为胶版印刷，而这正是让它们在钱币收藏市场上价格有高低之分的原因之一。

相信这两个版本的2元人民币随着时间的推移，它们的价值也会随之提高。因为第四套人民币2元券是关门币种，其身份特殊，日后注定是要成为引人注目的对象，后期的升值潜力是可期的。

1980年版10元币的收藏

第四套人民币10元券被誉为"收藏界的黑马",其价值渐渐被人们所知悉,有很大的增值空间。单纯的钱币爱好者可以用较低的价格收藏单张以供纪念,想要增值收藏的话,最好是全套收藏。

1980年版10元券人民币于1988年9月22日发行,正面是汉族和蒙古族男子头像,其左边纹饰是凤凰牡丹。

第四套人民币1980年版10元纸币正面局部

第四套人民币1980年版10元纸币正背面

因此，第四套人民币10元券又被称为"浴火凤凰"，在存世量日益稀少的今天，身价已一跃涨为之前的5倍。

该币种之所以称为"浴火凤凰"，是因为在验钞灯的照射下会显现出一只凤凰的图案。其背面图景则是世界最高峰珠穆朗玛峰，可谓是气势磅礴。

10元作为流通币中的辅币，在使用过程中消耗很大，因为当时的物价比较低，10元的购买力很大，所以这种荧光币也有所消耗。

从存世量上来看，1980年5元券与10元券的存世量都在骤减，所以，1980年5元券与10元券相对来说还是非常有收藏价值的。

对于第四套人民币的行情走势，1980年版2元券和2角券是风险和机遇并存的币种，保守型的投资者选择1980年版5元券与10元券比较靠谱。

1980年版50元币的收藏

1980年版50元券全品相的市场行情最高时曾达到2000元一张。为什么1980年版50元券价格会越来越高,被称为"第四套人民币的币王"呢?有如下原因:

一、收藏投资者追捧的收藏热点

1980年版50元券是收藏者和投资者追踪和追捧的品种,是第四套人民币的收藏热点。

第四套人民币1980年版50元纸币正面

二、发行数量较少

相对于第四套人民币各币种，1980年版50元券发行量较少。该券的发行冠号为24个，其中包含一个补票冠号JZ，补票冠号JZ的使用量很小。以每个冠号1亿张左右的发行量计算，有藏家估算，1980年版50元券投放量仅有23亿张。发行数量较少，这是1980年版50元券价格高的原因之一。

三、发行时间短

1980年版50元券从1987年发行到1992年，只有短短的5个年头。

四、设计精美

1980年版50元券因为设计精美，鉴赏价值较高，很多收藏专家以及投资家非常看好它的行情。

第四套人民币1980年版50元纸币正面局部

五、市场价格坚挺

1980年版50元券的市场价格在1200～2000元，全品相补号JZ冠号的最高报价曾达到5500元一张。作为退市不久的币种，现在的收藏价格能达到这个高度，证明其未来升值潜力是巨大的，而且这个价格是目前第二、第三套人民币很多币种都无法企及的。

六、存世量少

1980年版50元券发行时的防伪性设计较差，国家随之发行了1990年版50元券予以取代，并在随后的市场流通中陆续对初始发行的1980年版50元券进行回收销毁，造成了该券的存世量，尤其是新币的存世量十分稀少。

七、艺术价值高

相比前三版人民币，第四版人民币在票面设计风格、印制工艺上均具有很大的突破。1980年50元券正面为工人、农民、知识分子头像，象征在中国共产党的领导下，工人阶级、农民阶级和知识分子紧密团结，共同建设祖国的繁荣景象；背面描绘了黄河壶口瀑布"水中冒云烟""黄河出彩虹"的壮丽景观，富有艺术性。

收藏者在收藏1980年版50元券的时候，一定要注意钱币的品相，毕竟一个好品相的藏品，收藏价格只会越来越高，要是品相比较差

第四套人民币1980年版50元纸币正面局部

的，即使存世量少，价格还是有所限制，升值不了多少。相信随着时间的流逝，1980年版50元券的收藏价值会更加凸显，其市场价格极可能会翻番。

1980年版100元币的收藏

第四套人民币当中的1980年版100元券市场价格已比面值高了5倍到10倍，与前三套人民币相比，这个价格算是较低的，毕竟存世量相对前三套比较多。但是随着时间的过去，第四套人民币本身收藏价值的提高以及存世量的减少，1980年版100元券价格也会水涨船高。

其收藏价值具体体现在以下方面：

一、全品相少见

目前很少有人手里还有这张全品相的钱币，所以该纸币拥有物以稀为贵的基本特点。

二、四伟人像富有纪念意义

这版100元纸币正面图案是毛泽东、周恩来、刘少奇及朱德四位在我国很有影响力的领袖，很多人都认为这张人民币具有非同寻常的纪念意义。

第四套人民币1980年版100元纸币正背面

三、存世量少

在第四套人民币14个券别中,其中发行量最少的是1980年版100元券和50元券。1980年版100元券发行冠号为16个,其中有一个补票冠号JZ。按每个冠号发行1亿张计算,100元券的投放量不过16亿张。

1980年版100元券投放使用过了几年就换版,至今已过了30年,

第四套人民币1980年版100元纸币上的四伟人

第四套人民币1980版100元纸币背面局部

绝大部分币券已在使用过程中回笼销毁，比较第四版人民币的冠号"80100"和冠号"8050"品种，目前"80100"比"8050"数量少三分之一，但其价格却仅是"8050"的四分之一，这完全是由于市场的一时炒作所致。一位藏家分析："正如股票一样，两者绩优股，一时价格的高低并不重要，重要的是看其将来的增长潜力，相信'80100'迟早会胜过其他币种，因此'80100'目前正是逢低吸纳建仓的黄金时机。"

四、回收最彻底

在中国，人民币回收一般是只收不付和限期收回两种方式。前一种方式比较常用，后一种方式一般在特殊情况下使用。第四套人民币采取的是前一种方式，在人们不知不觉中，国家已完成了收回使命，其中1980年版100元券回收最为彻底。第五套人民币发行后，这张1980年版100元大钞由于面额大，几乎被国家整体收回，遗留民间的微乎其微。

可见，1980年版100元纸币收藏价值还是比较大的，并且从长远方面看，该纸币也有一定的升值空间。

金投外汇网第四套人民币价格表（2019年12月18日）

第四套人民币类别	面值	市场参考价格	备注
80版100元	100元	500~1000元/张	整刀百连号
80版50元	50元	1200~2000元/张	整刀百连号

续表

第四套人民币类别	面值	市场参考价格	备注
80版10元	10元	30~35元/张	整捆千连号
80版5元	5元	13~15元/张	整捆千连号
80版2元	2元	30~35元/张	整捆千连号
80版1元	1元	5~8元/张	整捆千连号
80版5角（二冠）	0.5元	2.8万~3万元/张	原件
80版5角（三冠）	0.5元	2.6万~2.8万元/张	原件
80版2角	0.2元	3~3.5元/张	整捆千连号
80版1角（二冠）	0.1元	1万~1.3万元/张	原件
80版1角（三冠）	0.1元	8000~10000元	原件
90版100元	100元	140~150元/张	整捆千连号
90版50元	50元	140~160元/张	整捆千连号
90版2元	2元	12~15元/张	整捆千连号
90版1元	1元	4~5.5元/张	整捆千连号
96版1元	1元	3.5~4.5元/张	整捆千连号

第十章　第四套人民币的收藏

第十一章 第五套人民币的相关知识

第五套人民币的发行

1999年6月30日，国务院总理朱镕基发布中华人民共和国国务院令第268号："为了适应经济发展的需要，进一步完善我国货币制度，提高人民币的防伪性能，现决定：自1999年10月1日起陆续发行第五套人民币。第五套人民币有100元、50元、20元、10元、5元、1元、5角和1角八种面额。"其中5角和1角为硬币。

1999年7月1日，中国人民银行行长戴相龙发布了"中国人民银行关于发行第五套人民币100元券的公告"。公告说，根据中华人民共和国第268号国务院令，中国人民银行将分次发行第五套人民币，自1999年10月1日起在全国陆续发行第五套人民币100元券，并详细介绍了首次发行的100元券的票面特征。

1999年版第五套人民币的发行是我国货币制度建设的一件大事，是我国目前社会稳定、经济发展、文化艺术繁荣、科技进步的有力证明，也是为新中国成立50周年献上的一份厚礼。中国人民银行负责人就发行第五套人民币答记者问时指出：发行第五套人民币是必要的。改革开放以来，我国国民经济持续、快速、健康发展，经济发展速度在世界上名列前茅，社会对现金的需求量也日益增大，经济发展的形势对人民币的数量和质量、总量与结构都提出了新要求。货币制度需要随着经济发展变化的实际情况进行适时调整。

第五套人民币1999年版1元纸币正背面

　　第四套人民币的设计、印制始于改革开放之初,由于当时的条件,第四套人民币本身存在一些不足之处,如防伪技术简单,不利于人民币的反假;缺少机读性能,不利于钞票自动化处理等等。凡此种种,都要求我们及时发行新版人民币。这位负责人还指出：发行第五套人民币时机是成熟的,我国的金融事业在改革开放中稳步健康发展,为第五套人民币的顺利发行提供了有力的保证。

第五套人民币的特点

第五套人民币与前四套人民币相比，具有如下鲜明的特点：

一、首次完全独立设计与印制

第五套人民币是由中国人民银行首次完全独立设计与印制的货币，这说明我国货币的设计印制体系已经成熟，完全有能力在银行系统内完成国币的设计、印制任务，而且此套新版人民币经过专家论证，其印制技术已达到国际先进水平。

二、图案富有鲜明的民族性

第五套人民币中各面额的纸币正面均采用毛泽东主席在新中国成立初期的头像，利用手工雕刻凹版印刷工艺，凹凸感强，形象逼真传神，易于识别。

底衬采用了我国著名的花卉图案，分别为茶花、菊花、荷花、月季、水仙、兰花。背面主景图案分别选用了人民大会堂、布达拉宫、桂林山水、夔门、泰山、三潭印月。

通过选用有代表性的寓有民族特色的图案，充分表现了我们伟大

第五套人民币5元纸币正面

祖国悠久的历史和壮丽的山河，具有鲜明的民族性，弘扬了伟大的民族文化。

三、图文放大

第五套人民币的主景人物、水印、面额数字均较以前放大，尤其是突出了阿拉伯数字表示的面额，这样便于群众识别，收到较好的社会反响。

四、科技含量较高

第五套人民币继承了我国印制技术的传统经验，借鉴了国外钞票设计的先进技术，并在原材料工艺方面做了改进，提高了纸张的综合质量和防伪性。

第五套人民币各券别纸币的固定水印位于各券别纸币票面正面左侧的空白处，迎光透视，可以看到立体感很强的水印，为人民币真伪的鉴别提供了条件。

磁性微文字安全线、彩色纤维、无色荧光纤维等在纸张中有机运用，并且采用了电脑辅助设计手工雕刻、电子雕刻和晒版腐蚀相结合的综合制版技术。

特别是在二线和三线防伪方面采用了国际通用的防伪措施，为专业人员和研究人员鉴别真伪提供了条件。与第四套人民币相比，第五套人民币的防伪技能由十几种增加到二十多种。

五、票幅长度缩短

第五套人民币在票幅尺寸上进行了调整，票幅宽度未变，长度缩短，且所用纸张具有挺括、耐折、不易撕裂的特点。手持钞票用力抖动、手指轻弹或两手一张一弛轻轻对称拉动，能听到清脆响亮的声音。

六、取消了2元券和2角券，增加了20元券

第五套人民币的面额结构在前四套人民币基础上进行了一些调整，取消了2元券和2角券，增加了20元券。这是因为，随着经济的发展，在商品交易中2元券和2角券的使用频率越来越少。

而10元面额的主币逐步承担起找零的角色，同时，为了调整人民币流通结构，完善币制，客观上需要一种介于10元与50元面额之间的票券担当重任，第五套人民币20元券就诞生了。

第十一章　第五套人民币的相关知识

取消2元券和2角券不但对流通无碍，而且还能节省印制费用。从收藏的角度看，这两种票券又极具升值的潜力。

第五套人民币20元纸币正背面

第五套人民币的印制工艺

第一道工序：胶印

这道工序主要完成钞票正背面底纹图案的印刷，通过鲜亮、精美的底纹图案，赋予钞票特定的色彩美感。

第二道工序：凹印

真钞所特有的凹凸感即来自这种印刷方式。凹印是印钞生产体系中的核心工序，凹印出来的图纹具有明显的立体感、层次感和凹凸手感，防伪性能突出。钞票中的主席画像、行名、国徽、背面主景图案、行长之章、年号等重要图案，均采用凹印技术。

第三道工序：丝凸印

丝凸印，顾名思义，就是丝网与凸版联合印刷。丝网印刷完成了钞票正面光彩光变面额数字的印刷，其印刷的光彩光变面额数字具有重要的防伪功能。凸版印刷主要完成钞票冠字号码、无色荧光图案印刷，冠字号码是钞票独特、唯一的身份标识。

第五套人民币2019年版20元纸币应用光彩光变防伪技术

光彩光变防伪技术最初在第五套人民币2015年版100元券上应用，该版百元钞票还因此获称"土豪金钞票"。2019年，光彩光变防伪技术又分别在10元、20元和50元券上应用，光彩光变面额数字位于票面正面中部，改变钞票观察角度，面额数字颜色可变化，并可见一条亮光带上下滚动。

第四道工序：正背面涂布

这是新增的正背面保护涂层的印刷，提高了钞票流通过程中的抗脏污性能，可有效改善钞票整洁度。

第五套人民币2019年版50元纸币应用光彩光变防伪技术

第五道工序：裁切、检封与装箱

人民币并不是在初印环节就是流通时的大小，一印张上横五竖七排列着35小张人民币。在最后这道工序内，要完成的就是把印张裁切成规定尺寸的小张人民币，分百、捆千、塑封、装箱，再运送到中国人民银行指定的发行库。其间工作人员会将个别有缺陷的产品剔除，保证到达消费者手中的人民币质量是完美无缺的。

第五套人民币的花卉图案

第五套人民币做工细致，图案精美，六种币值中分别择中国一种传统名花图案置于纸币中央，使此版人民币外观典雅、古朴而不失时代感，还具有防伪效果。

一、兰花

1元纸币的兰花，风姿绰约，幽香远溢，为"花中四君子"之一，四季名花之司春使者，在中国有着悠久的栽培史。

孔子赞美此花为"兰当为王者香"。兰花因其有"高洁、典雅和坚贞不渝"的品格与伟大的爱国主义诗人屈原英雄相惜。

二、水仙

5元纸币的水仙，叶姿秀美，亭亭玉立，雅号"凌波仙子"，深受国人喜爱。每到农历春节，家家户户的厅堂中都要摆上一盆水仙花，黄蕊白被如金银的水仙总是会捎给人们新一年的喜气与财运。

第五套人民币1元纸币兰花图案

三、月季

10元纸币的月季，姿态婀娜，瑰丽多彩，被誉为"花中皇后"。中国是月季的原产地，后来月季传入欧洲，赢得了西方世界的青睐，再后来它披着"玫瑰"的华丽外衣荣归故里时，已经是蜚声四海。

作为"世界四大切花"之一，月季为世界经济与社会的发展做出了巨大的贡献，实乃花卉中的"外交官"。

四、荷花

20元纸币的荷花，号称"花中君子"，四季名花之司夏使者，其拥有"出淤泥而不染"的高贵品格，早在周朝时期就有栽培的记载。欧洲人误认为荷花起源于印度，而实际上荷花（莲花）由中国传至印度，莲在印度佛教中的应用使其得到了长足的发展，后"莲花佛国"又深深地影响了中国的历史，或许荷莲正是开在中印两国之间的友好之花。荷花因其"清廉正直"的品性广受中国人民的喜爱。

第五套人民币10元纸币月季图案　　　　第五套人民币20元纸币荷花图案

五、菊花

50元纸币的菊花,迎风斗霜,从容狂放,为"花中四君子"之一,四季名花之司秋使者。此花有霸气,张艺谋执导的《满城尽带黄金甲》算是把菊花的豪气抒放得酣畅淋漓。菊花在中国一直被看作是长寿之花,只是由于西方人的影响,菊花倒成了清明节的主角。

不过,菊花还有另一面:采菊东篱式的恬淡和重阳登高式的相思。有时候,一杯甘冽的菊花茶会让我们疲惫的身心得到很好的放松,这便是菊花的魅力。

六、茶花

100元纸币的茶花,是中国传统名花,也是云南省省花。其因植株形姿优美,叶浓绿而光泽,花形艳丽缤纷,而受到全世界园艺界的珍视。

第五套人民币100元券茶花图案

第五套人民币的背面图案

一、1元纸币背面：三潭印月

1元人民币上的图案并非完全写实，摄影师所在角度只能拍到两座石塔。三潭印月，杭州西湖十景之一，位于西湖中部偏南，与湖心亭、阮公墩鼎足而立，合称"湖中三岛"，犹如中国古代传说中的蓬莱三

第五套人民币1元纸币背面：三潭印月

岛，故又称小瀛洲。北宋时已成为湖上赏月佳处。明人张宁诗云："片月生沧海，三潭处处明。夜船歌舞处，人在镜中行。"

二、5元纸币背面：泰山

泰山又称岱山、岱宗、岱岳、东岳、泰岳等。名称之多，实为全国名山之冠。"泰山"之称最早见于《诗经》，"泰"意为极大、通畅、安宁。《五经通义》云："宗，长也，言为群岳之长。"泰山突兀地立于华北大平原边上的齐鲁古国，同衡山、恒山、华山、嵩山合称"五岳"，因其地处东部，故称"东岳"。

第五套人民币5元纸币背面：泰山

三、10元纸币背面：夔门

夔门，在瞿塘峡入口处，是长江三峡的西大门。夔门又名"瞿塘关"，在巍峨壮丽的白帝城下，是出入四川盆地的门户。从白帝城向东，便进入长江三峡中最西面的瞿塘峡，全长约8千米，在三峡中最短，却最为雄伟险峻。杜甫诗云："白帝高为三峡镇，瞿塘险过百牢关。"

第五套人民币10元纸币背面：夔门

四、20元纸币背面：桂林山水

桂林山水甲天下，国家的名片上怎么能少了这"天下第一"的风景？桂林是世界著名的风景游览城市，漓江水清澈秀丽，有着举世无双的喀斯特地貌。山青、水秀、洞奇、石美，是桂林"四绝"。

第五套人民币20元纸币背面：桂林山水

五、50元纸币背面：布达拉宫

为了制作第五套人民币50元券的布达拉宫，上海印钞造币厂的两位高级美工去拉萨考察。他们寻找很久，最终在一个水厂的厂房顶上找到"最佳角度"。他们先在这里拍照片、画素描图，后经过反复修改和雕琢，最终设计出人民币上的布达拉宫图案。

布达拉宫始建于公元7世纪，是藏王松赞干布为远嫁西藏的唐朝文成公主而建。在拉萨海拔3700多米的红山上建造了999间房屋的宫宇，宫体主楼13层，高115米。

第五套人民币50元纸币背面：布达拉宫

六、100元纸币背面：人民大会堂

人民大会堂为新中国成立10周年首都十大建筑之一，也是北京的地标性建筑。它从1958年10月动工，1959年9月建成，整个工期仅10个多月，是中国建筑史上的一大创举。人民大会堂位于北京市中心、天安门广场西侧，西长安街南侧。整体建筑坐西朝东，南北长336米，东西宽206米，高46.5米，占地面积15万平方米，建筑面积17.18万平方米。

第五套人民币100元纸币背面：人民大会堂

人民大会堂是中国全国人民代表大会开会地点，是全国人民代表大会和全国人大常委会的办公场所，是党、国家和各人民团体举行政治活动的重要场所，也是中国国家领导人和人民群众举行政治、外交、文化活动的场所。

第五套人民币的防伪特征

第五套人民纸币正面右上方有一装饰图案，1999年版纸币观察方法为：将票面置于与眼睛接近平行的位置，面对光源做45°或90°角平面旋转，可看到面额数字字样。

2005年版纸币观察方法为：将票面置于与眼睛接近平行的位置，面对光源做上下倾斜晃动，可以看到隐形面额数字。

一、花卉水印周围点缀特殊圆圈

2005年版第五套人民币各面额纸币（包括1999版1元纸币）的水印周围，有一些特殊排列的圆圈，其作用是防止纸币被复印或打印。很多彩色复印机、扫描仪、打印机和图像处理软件均有识别此特殊图案的功能，发现带此图案的原稿就会拒绝复印或打印。

二、白水印

第五套人民币1999年版5元、10元券，2005年版100元、50元、20元、10元、5元券正面横号码下方，1元券横号码的右上方，迎光透视，可以看到透光性很强的面额水印字样。

三、光变数字

第五套人民币100元券正面左下方用新型油墨印刷了面额数字，当与票面垂直观察其为绿色，而倾斜一定角度则变为蓝色；50元券的面额数字由金色变为绿色。

四、阴阳图案

第五套人民币2005年版100元、50元、20元、10元券，1999年版100元、50元、10元纸币，其正面左下角和背面右下方各有一圆形局部图案，透光观察，正背面图案组成一个完整的古币图案。

五、凹版印刷

第五套人民币"中国人民银行"行名、面额数字、盲文面额标记、凹印手感线等均采用雕刻凹版印刷，用手指触摸有明显的凹凸感。

六、冠字号码

第五套人民币各券别冠字号码均采用两位冠字，八位号码。第五套人民币1999年版100元、50元券均为横竖双号码，横号均为黑色，竖号分别为蓝色和红色；20元、10元、5元券为双色横号码（左半部分为红色，右半部分为黑色）。第五套人民币2005年版100元、50元券调

第十一章　第五套人民币的相关知识

第五套人民币1元纸币花卉水印周围点缀特殊圆圈，横号码右上方有透光性很强的面额水印

第五套人民币5元纸币花卉水印周围点缀特殊圆圈，横号码右下方有透光性很强的面额水印

第五套人民币10元纸币花卉水印周围点缀特殊圆圈，横号码右下方有透光性很强的面额水印

第五套人民币20元纸币花卉水印周围点缀特殊圆圈，横号码右下方有透光性很强的面额水印

第五套人民币50元纸币人像水印周围点缀特殊圆圈，横号码右下方有透光性很强的面额水印

第五套人民币100元纸币人像水印周围点缀特殊圆圈，横号码右下方有透光性很强的面额水印

整为双色异形横号码（左侧为暗红色，右侧为黑色），其字符变化特点是由中间向左右两边逐渐变小。

七、荧光油墨印刷

第五套人民币纸币1999年版冠字号码部分采用无色荧光油墨印刷，在特定波长的紫外光下可以看到荧光冠字号码。

八、胶印缩微文字

第五套人民币纸币安全线多处印有胶印缩微文字"RMB100""RMB50"等字样。

九、专用纸张

第五套人民币纸币采用特种原材料，由专用抄造设备抄制的印钞专用纸张印制，在紫外光下无荧光反应。

十、变色纤维

第五套人民币纸币在特定波长的紫外线下可以看到纸张中随机分布有黄色和蓝色荧光纤维。

十一、无色荧光面额

第五套人民币纸币在正面行名下方胶印底纹处,在特定波长的紫外线下可以看到面额字样,该图案采用无色荧光油墨印刷,可供机读。

十二、有色荧光图案

第五套人民币100元券背面主景上方椭圆形图案中的红色纹线,在特定波长的紫外光下显现明亮的橘黄色;20元券背面的中间在特定波长的紫外线下显现绿色荧光图案。

十三、胶印接线印刷

第五套人民币100元券正面左侧的中国传统图案是用胶印接线技术印刷的,每根线均由两种以上的颜色组成。

十四、凹印接线印刷

第五套人民币100元券背面面额数字"100"、20元券正面左侧面额数字"20"是采用凹印接线技术印刷的,两种墨色对接自然完整。

十五、凹印缩微文字

第五套人民币纸币在正面右上方装饰图案中印有凹印缩微文字，在放大镜下，可看到"RMB100""RMB20"等字样。

十六、磁性标记

用特定的检测仪检测，100元、50元券的黑色横号码，20元、10元、5元券的双色横号码的黑色部分，以及各面额人民币的安全线有磁性，可供机读。

十七、凹印手感线

2005年版第五套人民币各面额纸币（包括1999年版1元纸币）的正面右侧，自上而下、有规律地排列着一列线条。用手触摸时，凹凸感明显。

5元纸币2005年版与1999年版的异同

第五套人民币2005年版5元券规格、主景图案、主色调、"中国人民银行"行名和汉语拼音行名、面额数字、花卉图案、国徽、盲文面额标记、民族文字等票面特征，固定花卉水印、白水印、全息磁性开窗安全线（开窗安全线，指局部埋入纸张中，局部裸露在纸面上的一种安全线）、手工雕刻头像、胶印微缩文字、雕刻凹版印刷、双色横号码等防伪特征，均与现行流通的1999年版的第五套人民币5元纸币相同。

但第五套人民币5元纸币的2005年版与1999年版对比还是有一些区别，表现在以下方面。

（1）含有隐形面额数字。第五套人民币5元纸币正面右上方有一装饰性图案，将票面置于与眼睛接近平行的位置，面对光源做上下倾斜晃动，可以看到面额数字"5"字样。

（2）增加了凹印手感线。2005年版5元纸币正面主景图案右侧，有一组自上而下规则排列的线纹，采用雕刻凹版印刷工艺印制，用手指触摸，有极强的凹凸感。

（3）2005年版5元纸币取消纸张中的红蓝彩色纤维。

（4）2005年版5元纸币背面主景图案下方的面额数字后面，增加

第五套人民币1999年版5元纸币正背面

第五套人民币2005年版5元纸币正背面

人民币单位"元"的汉语拼音"YUAN"。

  2005年版第五套人民币各纸币异同和5元币大致相同，这里举例5元币2005版与1999版的异同，目的是举一反三，依此类推。

为什么要发行2019年版人民币

从第五套人民币首发迄今，已经是20多年了。20多年说沧海桑田都不为过。20多年前，电脑、激光打印机等均未普及，网购也未兴起（各类原材料不好收集），造假难度相对较大。

20多年间，现金流通情况发生巨大变化，随着时间及技术的发展，20世纪90年代发行的纸币，以现在技术水平来说，仿造的条件及难度大大降低。20多年间，现金自动处理设备快速发展，假币伪造形式多样化，货币防伪技术更新换代加快，这些都对人民币的设计水平、防伪技术和印制质量提出了更高要求。

为适应人民币流通使用的发展变化，更好地维护人民币信誉和持有人利益，保证和提升人民币整体防伪能力，保持第五套人民币系列化，中国人民银行就要与时俱进，不断更新版本，以提高纸币的防伪能力，增加制假的难度。

中国人民银行决定发行2019年版第五套人民币50元、20元、10元、1元纸币，和1元、5角、1角硬币，在保持现行第五套人民币主图案等相关要素不变的前提下，对票（币）面效果、防伪特征及其布局等进行了调整，采用先进的防伪技术，提高防伪能力和印制质量，提高了票面色彩鲜亮度，优化了票面结构层次与效果，使公众和自助设备易于识别。

2019版的人民币并非是第五套人民币的首次更新。第五套人民币自1999年10月起正式发行流通以来，已经先后更新过两次了：第一次系2005年8月，为提升防伪技术和印制质量，中国人民银行更新了100元、50元、20元、10元、5元纸币和不锈钢材质1角硬币，但未更新1元面值的纸币和硬币，以及5角的硬币；第二次系2015年11月，仅更新了100元纸币，其余面值均未更新。

第五套人民币2019年版10元纸币局部防伪线正面观察　　第五套人民币2019年版10元纸币局部防伪线倾斜观察

2019年版系第五套人民币的第三次更新，此次更新了50元、20元、10元、1元纸币，和1元、5角、1角硬币，未更新100元及5元的纸币。

所以，这只是一次正常的变化更新而已，后续如果国家未发行第六套的人民币，那么第五套的人民币还会在继续更新版本。

2019年版第五套人民币发行之后，旧版的第五套人民币仍然可以照常使用，事实上100元面值的纸币，2015年版的和2005年版的一直在混用，1999年版的也还在极少量使用。对于旧版的人民币，只要纸币不出现残缺、破损、老旧等情况，各家银行会照样对外支付，不会上缴中国人民银行销毁。

2019年版4种纸币的特征

中国人民银行在发行第五套人民币之前，就持续加大货币印制新技术的研发力度，为提高人民币防伪能力和流通寿命，首先选择面额较低，流通量较小的5元纸币进行相关新技术的应用研究。

一、50元纸币

正面中部面额数字调整为光彩光变面额数字"50"，调整装饰团花的样式；左侧增加装饰纹样，调整横号码、胶印对印图案的样式，取消左下角光变油墨面额数字；右侧增加动感光变镂空开窗安全线和竖号码等，调整毛泽东头像、右上角面额数字的样式，取消凹印手感线。

背面调整主景、面额数字、胶印对印图案的样式，取消全息磁性开窗安全线和右下角局部图案，年号改为"2019年"。

二、20元纸币

正面中部面额数字调整为光彩光变面额数字"20"，调整装饰团花的样式，取消全息磁性开窗安全线；左侧增加装饰纹样，调整横号码、胶印对印图案的样式；右侧增加光变镂空开窗安全线和竖号码，调整毛泽东头像、右上角面额数字的样式，取消凹印手感线。

背面调整主景、面额数字、胶印对印图案的样式，取消右下角局部图案，年号改为"2019年"。

三、10元纸币

正面中部面额数字调整为光彩光变面额数字"10"，调整装饰团花的样式，取消全息磁性开窗安全线；左侧增加装饰纹样，调整横号码、胶印对印图案的样式；右侧增加光变镂空开窗安全线和竖号码，调整毛泽东头像、右上角面额数字的样式，取消凹印手感线。

背面调整主景、面额数字、胶印对印图案的样式，取消右下角局部图案，年号改为"2019年"。

四、1元纸币

正面中部调整面额数字，调整装饰团花的样式；左侧增加装饰纹样、面额数字白水印，调整横号码的样式，取消左下角装饰纹样；右侧调整毛泽东头像的样式，取消凹印手感线。

背面调整主景、面额数字的样式，取消右下角局部图案，年号改为"2019年"。

第十一章　第五套人民币的相关知识

第五套人民币2019年版4种纸币正面

第五套人民币2019年版4种纸币背面

2019年版与老版的异同

2019年版第五套人民币50元、20元、10元、1元纸币，分别保持2005年版第五套人民币50元、20元、10元纸币和1999年版第五套人民币1元纸币规格、主图案、主色调，"中国人民银行"行名、国徽、盲文面额标记、汉语拼音行名、民族文字等要素不变。

在此基础上，2019年版第五套人民币的票面色彩鲜亮度以及票面结构层次与效果有所优化，除了正面中部面额数字调整为光彩光变面额数字之外，20元纸币背面的渔夫"脱单"了，身旁加了鸬鹚和小渔网。这些细节生动地体现了整个票面桂林山水的人文特色。

第五套人民币2019年版纸币重点对票面效果、防伪特征及其布局等进行了调整，采用先进的防伪技术，提高了防伪能力和印制质量，使公众和自助设备易

第五套人民币2019年版10元纸币局部的水印防伪图片

第五套人民币2019年版10元纸币正面中部面额数字调整为光彩光变面额数字，让纸币有了"亮晶晶"的特效

于识别；提高了票面色彩鲜亮度，优化了票面结构层次与效果，并将年号改为"2019年"。

具体看，2019年版第五套人民币50元、20元、10元、1元纸币正面的装饰团花样式有所调整，正面左侧增加装饰纹样，调整横号码、胶印对印图案的样式，取消了正面右侧凹印手感线和背面右下角局部图案，正面右侧增加动感光变镂空开窗安全线和竖号码，还调整了毛泽东头像、右上角面额数字的样式。

尤其是纸币背面调整了主景、面额数字、胶印对印图案的样式；新版纸币的正面中部面额数字调整为光彩光变面额数字，光彩光变技术让纸币有了"亮晶晶"的特效。

第十二章 第五套人民币的收藏

100元纸币的防伪特征

2005年版100元纸币的主色调为红色，票幅长155毫米，宽77毫米。正面主景为毛泽东头像，左侧为椭圆形花卉图案，票面左上方为中华人民共和国国徽图案，右下方为盲文面额标记。背面主景为人民大会堂图案，左侧为人民大会堂内圆柱图案，票面右上方为"中国人民银行"汉语拼音字母和蒙、藏、维、壮四种民族文字的"中国人民银行"字样和面额。

100元纸币的防伪特征如下：

（1）固定人像水印：位于正面左侧空白处，迎光透视，可见与主景人像相同、立体感很强的毛泽东头像水印。

（2）红、蓝彩色纤维：在票面的空白处，可看到纸张中有红色和蓝色纤维。

（3）磁性微文字安全线：钞票纸中的安全线，迎光观察，可见"RMB100"微小文字，仪器检测有磁性。

（4）手工雕刻头像：正面主景毛泽东头像，采用手工雕刻凹版印刷工艺，形象逼真、传神，凹凸感强，易于识别。

（5）隐形面额数字：正面右上方有一椭圆形图案，将钞票置于与眼睛接近平等的位置，面对光源做平面旋转45°度或90°角，即可看到面额"100"字样。

第十二章　第五套人民币的收藏

第五套人民币2005年版100元纸币正背面，原尺寸155毫米×77毫米

第五套人民币100元纸币防伪线

（6）胶印缩微文字：正面上方椭圆形图案中，多处印有胶印缩微文字，在放大镜下可看到"RMB"和"RMB100"字样。

（7）光变油墨面额数字：正面左下方"100"字样，与票面垂直角度观察为绿色，倾斜一定角度则变为蓝色。

（8）阴阳互补对印图案：票面下面左下方和背面右下方均有圆形局部图案，迎光观察，正背面图案重合并组合成一个完整的古币图案。

（9）雕刻凹版印刷：正面主景毛泽东头像、"中国人民银行"行名、盲文及背面主景人民大会堂等均采用雕刻凹版印刷，用手指触摸有明显的凹凸感。

（10）横竖双号码：正面采用横竖双号码印刷（均为二冠字、八位号码）。横号码为黑色，竖号码为蓝色。

2005年版 50元币的防伪特征

2005年版50元纸币采用了10项公众防伪措施，具体如下：

（1）固定人像水印：位于正面左侧空白处，迎光透视，可以看到与主景人像相同、立体感很强的毛泽东头像水印。

（2）红蓝彩色纤维：在票面上，可以看到纸张中有不规则分布的红色和蓝色纤维。

（3）磁性缩微文字安全线：钞票纸中的安全线，迎光透视，可以看到缩微文字"RMB50"字样，仪器检测有磁性。

（4）手工雕刻头像：正面主景毛泽东头像，采用手工雕刻凹版印刷工艺，凹凸感强，易于识别。

（5）隐形面额数字：正面右上方有一装饰图案，将钞票置于与眼睛接近平行的位置，面对光源做平面旋转45°或90°角，即可以看到面额数字"50"字样。

（6）胶印缩微文字：正面上方图案中，多处印有胶印缩微文字"50""RMB50"字样。

（7）光变油墨面额数字：正面左下方面额数字"50"字样，与票面垂直角度观察为金色，倾斜一定角度则变为绿色。

（8）阴阳互补对印图案：正面左下角和背面右下角均有一圆形局部

第五套人民币2005年版50元纸币正背面

图案，迎光透视，可以看到正背面图案合并组成一个完整的古币图案。

（9）雕刻凹版印刷：正面主景毛泽东头像、"中国人民银行"行名、面额数字、盲文面额标记及背面主景布达拉宫图案等均采用雕刻凹版印刷，用手指触摸有明显凹凸感。

（10）横竖双号码：正面采用横竖双号码印刷，横号码为黑色，竖号码为红色。

2005年版
20元纸币的防伪特征

第五套人民币2005年版20元纸币的防伪特征是：固定花绘水印、红蓝彩色纤维、安全线、手工雕刻头像、隐形面额数字、胶印微缩文字、雕刻凹版印刷和双色横号码。共采取了8项防伪措施。

第五套人民币2005年版20元纸币正背面

2005年版 10元纸币的防伪特征

第五套人民币10元纸币采用了10项公众防伪措施，具体如下：

（1）固定花卉水印：位于正面左侧空白处，迎光透视，可以看到立体感很强的月季花水印。

（2）白水印：位于双色横号码下方，迎光透视，可以看到透光性很强的图案"10"水印。

（3）红蓝彩色纤维：在票面上，可以看到纸张中有不规则分布的红色和蓝色纤维。

第五套人民币2005年版10元纸币正面

第五套人民币2005年版10元纸币背面

（4）全息磁性开窗安全线：背面中间偏右，有一条开窗安全线，开窗部分可以看到由缩微字符"¥10"组成的全息图案，仪器检测有磁性。

（5）手工雕刻头像：正面主景毛泽东头像，采用手工雕刻凹版印刷工艺，凹凸感强，易于识别。

（6）隐形面额数字：正面右上方有一装饰图案，将钞票置于与眼睛接近平行的位置，面对光源做平面旋转45°或90°角，可以看到面额数字"10"字样。

（7）胶印缩微文字：正面上方胶印图案中，多处印有缩微文字"RMB10"字样。

（8）雕刻凹版印刷：正面主景毛泽东头像、"中国人民银行"行名、面额数字、盲文面额标记和背面主景长江三峡图案等均采用雕刻凹版印刷，用手指触摸有明显凹凸感。

（9）双色横号码：正面印有双色横号码，左侧部分为红色，右侧部分为黑色。

2015年版100元纸币正面防伪标识标记

与2005年版第五套人民币100元纸币相比，2015年版第五套人民币100元纸币在保持规格、正背面主图案、主色调等不变的情况下，对图案做了六处调整。

（1）取消了票面右侧的凹印手感线、隐形面额数字和左下角的光变油墨面额数字。

（2）票面中部增加了光彩光变数字，票面右侧增加了光变镂空开窗安全线和竖号码。

（3）票面右上角面额数字由横排改为竖排，并对数字样式做了调整；中央团花图案中心花卉色彩由橘红色调整为紫色，取消花卉外淡蓝色花环，并对团花图案、接线形式做了调整；胶印对印图案由古币图案改为面额数字"100"，并由票面左侧中间位置调整至左下角。

第五套人民币2015年版100元纸币局部 票面右侧增加了光变镂空开窗安全线和竖号码

第十二章 第五套人民币的收藏

第五套人民币2015年版100元纸币局部 票面中部增加了光彩光变数字

第五套人民币2015年版100元纸币局部 胶印对印图案由古币图案改为面额数字"100",并由票面左侧中间位置调整至左下角

第五套人民币2015年版100元纸币局部 光变镂空开窗安全线对光倾斜观察可见隐形数字"100"

373

第五套人民币2015年版100元纸币背面

（4）取消了全息磁性开窗安全线和右下角的防复印标记。

（5）减少了票面左右两侧边部胶印图纹，适当留白；面额数字"100"上半部颜色由深紫色调整为浅紫色，下半部由大红色调整为橘红色，并对线纹结构进行了调整；票面局部装饰图案色彩由蓝、红相间，调整为紫、红相间；左上角、右上角面额数字样式均做了调整。

（6）年号调整为"2015年"。

2019年版人民币的辨伪

2019年版第五套人民币的防伪技术和印制质量在多个方面进行了提升。

2019年版第五套人民币50元、20元、10元、1元纸币与2015年版第五套人民币100元纸币的防伪技术及其布局形成系列化。

在此前第五套人民币纸币（2005年版50元、20元、10元纸币，1999年版1元纸币）防伪技术基础上，50元、20元、10元纸币增加光彩光变面额数字、光变镂空开窗安全线、磁性全埋安全线、竖号码等防伪特征，取消全息磁性开窗安全线和凹印手感线。另外，50元纸币取消光变油墨面额数字，1元纸币增加磁性全埋安全线和白水印。

总体看，应用的防伪技术更加先进，布局更加合理，整体防伪能力较现行纸币有明显提升。

如何一眼识别新版纸币真伪呢？可从如下方面观察。

一、观察光彩光变面额数字

光彩光变技术是国际印钞领域公认的先进防伪技术，易于公众识别。2019年版第五套人民币50元、20元、10元纸币票面中部印有光彩光变面额数字，改变钞票观察角度，面额数字颜色出现变化，并可见一条亮光带上下滚动。

第五套人民币2019年版10元纸币

第五套人民币2019年版10元纸币背面局部

二、观察光变镂空开窗安全线

光变镂空开窗安全线具有颜色变化和镂空文字特征，易于公众识别，是一项常用的公众防伪特征。2019年版50元纸币采用动感光变镂空开窗安全线，改变钞票观察角度，安全线颜色在红色和绿色之间变化，亮光带上下滚动，透光观察可见"¥50"。

2019年版20元、10元纸币采用光变镂空开窗安全线，与2015年版100元纸币类似，改变钞票观察角度，安全线颜色在红色和绿色之间变化。透光观察，20元纸币可见"¥20"，10元纸币可见"¥10"。

第五套人民币2019年版50元纸币局部防伪线倾斜观察　　第五套人民币2019年版50元纸币局部防伪线正面观察

第五套人民币2019年版20元纸币正背面

三、观察水印

2019年版50元、20元、10元纸币明显提升了水印清晰度和层次效果。人像水印位于票面正面左侧的空白处，透光观察可见毛泽东头像。

人像水印清晰度明显提升，层次更加丰富。白水印位于票面正面横号码下方，透光观察可见水印面额数字。新版1元纸币也增加了白水印。

第五套人民币2019年版50元纸币局部水印　　第五套人民币2019年版20元纸币局部水印

四、观察胶印对印图案

票面正面左下角和背面右下角均有面额数字的局部图案。透光观察，正背面图案组成一个完整的面额数字。

五、观察横竖双号码

第五套人民币2019年版调整了左侧横号码式样，增添了竖号码，可以有效防范变造纸币。左侧横号码的冠字和前两位数字为暗红色，后六位数字为黑色。右侧竖号码冠字和数字均为蓝色。

2019年版第五套人民币纸币还采取了其他多种措施提升防伪技术和印制质量。例如，钞票纸强度显著提高，流通寿命更长；纸币两面采用抗脏污保护涂层，整洁度明显改善；延续2015年版第五套人民币100元纸币冠字号码字形设计，有利于现金机具识别。

特殊冠号的收藏

一版的1万元牧马图,二版的大黑十,三版的背绿水印1角,四版的"80版50元",都先后在各个时期充当领头羊的作用,只有五版还没有真正的代表品种。但是第五套人民币的收藏方式多种多样,随着时间的推移,第五套人民币的钞王终会逐渐显现出来。

在第五套人民币的钞王出现之前,收藏投资者也不能无所作为,可以收藏带有特殊冠号的人民币。在无币王之前,某些特殊冠号人民币堪称"准币王"。

一、特殊冠号未来有望获得较大升值

收集冠号需要花费很多时间和精力。由于第五套人民币还处在发行阶段,冠号也只是处在收集阶段,故价格空间还难以表现,但随着收藏人群的增多,需求量也会慢慢地增加,稀有冠号愈加珍贵。

特殊号码是指编号特别有趣而又十分稀少。特殊号码的纸币往往具有特殊的象征意义,收藏价值极高。人民币收藏中,号码一直决定着其价格的高低。比如,一些开门号、关门号、生日号、趣味号、豹子号、特殊纪念日号等特殊号人民币数量不是很多,这种钱币也称为珍品。但是某些特殊号码单枚可靠性比较低,在连号、整刀中可靠性比较高,其价值会更高些。

收藏人民币的人越来越多了，单纯的人民币已没有多少收藏价值，只有特殊性钱币才会在以后获得较大的升值。例如，从8801到8900的整刀人民币就是一个极其特殊且珍贵的号段，狮子号8888的第五套人民币在人民币收藏中较为罕见，而且"8"这个数字在中华文化传统中具有特殊的内涵与意义，据行家分析，此特殊号段的整套百连号能卖出20万元的价格，是称得上的孤品。

二、特殊冠号重点应关注以下品种

（1）全同号

收藏第五套人民币，大多藏家仅限于四同号和五同号，即1元、5元、10元、20元、50元和100元6个券种后几位号码相同的同号钞，当然，这也是不错的钱币类投资佳品。

但全同号的意思是所有号码都相同，这样的藏品价值更高。

（2）吉祥号

如6666666号、8888888号这样的号码是吉祥号，又是全同号。据统计，发行1000万张或1亿张，才能出现七位数、八位数全同号的9张，这样的钱币可想而知有多珍贵。

（3）小号

小号或大号，小号更应受关注。如一个号码的编号最多是七、八位数，就会出现一些较为特殊的号码，非常有趣，如00000001号，这就是一个关注度很高的号码，是这个编号的第一张。

第十二章　第五套人民币的收藏

第五套人民币纸币全同号

第五套人民币10元纸币4连号

第五套人民币100元纸币吉祥号

（4）对称号

例如，12344321这样的号码。

（5）顺字号

如1234567或7654321这样的特殊排列。

这类特殊号码钱币具有很高的收藏价值，第一它具有普通钱币所共有的收藏属性，第二具有独特的稀缺性，第三是别具一格的趣味性。

带有特殊号码的人民币不一定都有投资价值，但是其收藏价值和收藏的趣味性还是非常客观的。钱币收藏的方式很多，发现某一人民币带有特殊意义的号码，就能对这一人民币进行收藏。

关注新版人民币发行的机会

每次新版人民币发行，都给收藏投资者提供了机会。如2019年8月30日发行新版第五套人民币，利好99年纸币，在2019年8月发行新版第五套人民币当月，比较热门的品种是99年5元，整捆价格是2.7万元左右，99年50元整捆价格在20万元左右，99年10元整捆价格是2.5万元左右，99年20元整捆价格是3.3万元左右。

其中发行量最少的是99年50元纸币，只发行过78个冠号，因为第五套人民币99版还没有钞王，众多收藏投资者看好99年50元。

2019年8月30号发行新版第五套人民币只有50元、20元、10元、1元面值的纸币和1角、5角、1元面值的硬币，2019年版面值100元的纸币延续2015年版，5元纸币没有换版。

这是第五套人民币第三次换版。第五套人民币第一版是1999年10月1日发行的，俗称第五套人民币99版，距今也已20年了。99版人民币由于设计缺陷，漏印YUAN字等原因，很快被2005年版替代，只有99版100元流通时间比较长，现在在收藏市场也没有增值多少钱；而99年5元流通时间最短，也是价格翻倍最多的品种。

发行新版第五套人民币时，有经验的收藏投资者关注的是开门号，也有很多人收藏首发冠号，99版人民币首发冠号是ＦＡ。收藏投资者说："这次2019版第五套人民币密切关注首发冠，如果遇到小号要收藏起来，如果遇到多位数的豹子号纸币也要收藏起来，无论是自己欣赏，还是多年后价值提升，都是一件愉快的事情。"

据湖南省人民政府门户网站2019年8月31日报道：8月30日，第五套人民币2019年版正式在湖南发行，当天，记者在长沙多处银行网点看到不少市民"抢鲜"兑换收藏新币。市民汤女士当天换了10套新币。她告诉记者，兑换是为了收藏作纪念，将来留给孩子。

"很有质感，精美时尚，防伪技术也先进。"新版人民币让市民邱峰感觉"惊艳"。邱峰是人民币收藏爱好者，各个时期发行的人民币大都有收藏，这次他一次性兑换了30套新币。

新币带有首发冠号ＦＡ，这些带有首发冠号ＦＡ的人民币，很快在钱币收藏市场露面。

第五套人民币2019年版1元首发冠号 "FA"代表首发冠号

第五套人民币的收藏

自第五套人民币于1999年10月1日发行后，人民币收藏又多了一个收藏投资品种，并且为收藏投资者提供了收藏良机。

比如，在第五套人民币中有很多特殊编号的票券，如尾数为5555的100元券就比普通号有更高的收藏价值。甚至有可能出现错版和变体版，这些版出现后，银行是会及时收回的，就和邮票一样，这些收回的错版和变体版都将有极高的收藏价值。这也是第五套人民币发行首日排队限量兑换的原因之一。

当然，收藏到错版人民币的机会是极少的，因为人民币印制质检十分严格，几乎没有错版币，即使是变体版也极少看到。但过去很少不能排除现在和将来没有，况且过去也有过发现。

作为收藏投资，要针对第五套人民币发行的新的特点。第五套人民币与前四套人民币最大的不同就是增加了20元面额的券种，故而收藏20元面额的人民币具有特殊的价值。另外，第五套人民币仍然发行第四套人民币中1980年版的1角面值的券种，在没有了分币的情况下，1角就是人民币的最小货币单位，因而收藏1角币是有战略眼光的选择。

收藏新版第五套人民币也要防伪。随着高科技的发展，防伪方法越来越高明，但高科技的发展使防伪功能增强的同时，也为仿真打开了方便之门，收藏者不得不防。

金投外汇网第五套人民币小全套报价表（2019年12月18日）

名　　称	面　值	市场参考价格	类　别
"财富大典"第三、四、五套合集	—	4200元	第五套人民币
第五套大全套后四位豹子号	—	8600元	第五套人民币
第五套人民币后五位豹子号纸币瑰宝珍藏册	—	12800元	第五套人民币
"伟人钞王"第五套龙头凤尾豹子号	—	6800元	第五套人民币
"鸿运当头"第五套豹子号	—	3600元	第五套人民币
"世纪财富"第五套豹子号珍藏册	—	5600元	第五套人民币
99版"鸿运当头"后四同顺子号	—	5500元	第五套人民币
第五套大全套后五同号	—	1080元	第五套人民币
第五套人民币全同号珍藏册	—	388元	第五套人民币
第五套99版全同号珍藏册	—	1.8万元	第五套人民币
第五套99版小全套后四同号	—	580元	第五套人民币
第五套人民币99版50元整刀	50元	2.6万元	第五套人民币
第五套99版1元一顺百顺	1元	1600元	第五套人民币

续表

名　称	面　值	市场参考价格	类　别
百顺豹王|百顺珍钞100元版	100元	3万元	第五套人民币
第五套人民币大全套整封	—	7.8万元	第五套人民币
第五套人民币全套全同号整封	—	3.8万元	第五套人民币
第五套99版100元十张连号	100元	2200元	第五套人民币
第五套99版50元十张连号	50元	2600元	第五套人民币
第五套99版5元十张连号	5元	380元	第五套人民币
第五套99版10元十张连号	10元	500元	第五套人民币
第五套99版20元十张连号	20元	680元	第五套人民币
第五套99版20元整刀	20元	5500元	第五套人民币

2020年版
5元纸币防伪设计更先进

中国人民银行2015年11月发行了新版100元纸币，2019年8月又发行了新版50元、20元、10元、1元纸币和1元、5角、1角硬币，唯独5元纸币没推出新版。为什么5元纸币会落单呢？中国人民银行解释称，面额较低、流通量较小的5元纸币正在进行相关新技术的应用研究。

直到2020年11月5日，2020年版第五套人民币5元纸币终于问世。这枚5元纸币保持了2005年版第五套人民币5元纸币规格、主图案、主色调、"中国人民银行"行名、国徽、盲文面额标记、汉语拼音行名、民族文字等要素不变，仔细观察则会在很多细节部分发现不同，其不同在于优化了票面结构层次与效果，提升了整体防伪性能。

伪钞是纸币的"天敌"，纸币自诞生之日，就不断通过提升防伪和印刷技术，与伪造、变造钞票的不法分子做斗争。

2020年版第五套人民币5元纸币的亮点是采用双面凹印对印技术，透光观察可见正背面局部图案组成完整的对印面额数字与对印图案，触摸有凹凸感。这是首次应用在流通人民币纸币上的印钞技术，展示了人民币防伪技术的安全性和创新性。

该5元纸币票面正面左下角、右上角和其对应的背面右下角、左上角有面额数字"5"和对应图案的局部图案。透光观察，正背面图案组成完整的面额数字与对印图案。改变钞票观察角度，面额数字"5"的颜色在金色和绿色之间变化，并可见一条亮光带上下滚动。

票面正面毛泽东头像、国徽、"中国人民银行"行名、对印面额数字与图案、装饰团花、盲文面额标记及背面主景、对印面额数字与图案等均采用雕刻凹版印刷，触摸有凹凸感。

双面凹印对印、数字光彩光变、图像"微缩"防伪、加大水印尺

第五套人民币2020年版5元纸币正背面

寸、底纹不规则变化……2020年版第五套人民币5元纸币借助计算机辅助设备和不断提升的印刷设备，做了一系列优化，具有了更高辨识度的色彩，更加精细化的图纹，更先进的防伪设计。

2020年版第五套人民币5元纸币的发行，带来了又一波大众收藏的热潮。据媒体报道，发行当天，交通银行北京市分行营业部网点一上午就有20多位客户兑换了共2.5万元左右的新版5元纸币，说明该版5元纸币受到了收藏人士的喜爱。

后记

　　人人都需要用钱,在没有网络支付的时代,你出门可以不带任何东西,但没有钱或许寸步难行,钱币的实用价值不言而喻。同时,钱币也有艺术价值,无论金属币还是纸币,上面都凝聚着钱币制造者的工艺,凝聚着钱币设计者的艺术才华和巧思。钱币的实用价值和艺术价值汇流交织,浇灌出钱币的文化价值和历史价值之花,绽放在漫漫中华文明史上。

　　中国钱币的历史悠久,源远流长,品种纷繁,多姿多彩,是中华民族传统文化中的瑰宝。中国几千年的货币文化,凝聚着中华民族的智慧和才华,创造出自成体系、光彩夺目、独具特色的东方货币文化。

　　钱币之美令人目眩,又令人心醉神迷,有关钱币的各种传说、故事和趣闻为钱币蒙上了一层神秘奇幻的面纱,趣味盎然,更为钱币之美增添了绚丽色彩。钱币还能见证历史,凝聚深厚的历史文化内涵,呈现出历史文化之美。只懂得赚钱,而不懂得欣赏钱币,或许只会成为金钱的奴隶，而不能成为金钱的主人。

当然，钱币之美也表现在其市场价值上，市场价值是钱币艺术价值、审美价值和收藏价值的体现。

钱币收藏之所以让人心醉神迷，或许往往正是因为钱币本身巨大的增值潜力。如1两银币，兑换人民币最多数百元，却竟然有人愿意花1700万元购买！

关于钱币收藏投资的故事在钱币界比比皆是。2015年，年仅24岁的钱币收藏家张懿卖出一枚广东寿字双龙库平1两银币，以1700万元成交。这枚钱币曾在一个收藏家手里藏存多年，华光普著《中国银币目录》中提到清朝人士王伍生留下的记录中写道：康义总督下令为慈禧太后60大寿庆典制造钱币3万枚，预备将钱币作为赠礼运送至北京，但结果并未运送，3万枚钱币几乎全部被熔化，仅留下少量10余枚作为样品封存。经过研究，张懿知道这版珍稀钱币已知存世的只有5枚，其中3枚收藏在博物馆。2014年，张懿得知藏家准备出手的消息，他与几个股东以1200万元的高价买下了这枚钱币，第二年这枚广东寿字双龙库平1两银币便被另一藏家以1700万元的高价买走了。

其实，一枚钱币卖1700万元并非最高价，世界上最贵的钱币是"飘逸长发"（Flowing Hair）。这枚名为"飘逸长发"的钱币是1794年发行的1美元银币，是当时美国首都费城铸造的首枚钱币，钱币上铸有披着头发的自由女神形象。

这枚钱币曾为美国首任总统乔治·华盛顿所有，是至今保存最好的1794年版1美元硬币。1947年，"飘逸长发"银币的拍卖价格为1250美元，而2013年1月24日这枚银币的拍卖价格超过了1000万美元（相当于如今7000多万元人民币），堪称世界上最贵的钱币，美国著名钱币收藏家、商人布鲁斯·莫莱兰购得了这枚银币。

这是古代钱币和外国钱币的故事，而发生在我们生活中的人民币，也有无数传奇故事。如一张第一套人民币1万元牧马图纸币，币值兑换是1元人民币，这"1元钱"有人愿花400万元人民币抢购，且如今市场报价高达700万元人民币！

这就是人民币收藏投资的魅力！

本书的写作参考了大量资料，也引用了一些专家学者、收藏家和藏友的文献，这本书凝结着所有对人民币收藏研究和收藏实践做出贡献的藏友的心血，如引用有误，欢迎大家批评指正，也欢迎各位方家同好交流探讨。

我们的爱好是一致的，我们的目标是一致的，我们的理想是一致的，都是为了让更多收藏爱好者感受到人民币收藏的魅力。让我们张开双臂，共同拥抱已经到来和正在到来的人民币收藏的春天吧！

沈 泓

2024年1月